A. B. SIMPSON:

EL EVANGELIO CUÁDRUPLE

MODERNIZADO POR STEVE GRUSENDORF

El evangelio cuádruple
por A. B. Simpson, revisado por Steve Grusendorf
Derechos de autor © 2022, Alianza Cristiana y Misionera
(The Christian and Missionary Alliance)

Diseño de la portada: David Hardie
Diseño del interior: Matt DeCoste
Autor: A. B. Simpson
Revisado por: Steve Grusendorf
Editora: Hannah Castro
Ilustraciones de las fotografías del autor: David Hardie

ISBN: 979-8-9861377-6-6

Versión original impresa en los Estados Unidos de América.

Comentarios

"Me emociona recomendar esta nueva perspectiva a la verdad intemporal del clásico del fundador de la Alianza, A. B. Simpson, *El evangelio cuádruple*. Conforme lees, podrás detectar el estilo de Simpson, pero también podrás apreciar el lenguaje actualizado, así como las ilustraciones contemporáneas. Este libro reenfocará tu atención en la centralidad y suficiencia de Jesucristo. Que podamos conocerlo y amarlo más profundamente".

–Terry Smith
Vicepresidente de Ministerios de Iglesia, Alianza EE. UU.

"*El Evangelio cuádruple* de Simpson es un libro pilar que describe partes clave de la doctrina de la Alianza Cristiana y Misionera. Cristo nuestro Salvador, Santificador, Sanador y Rey venidero son los marcadores clave de nuestro movimiento y no solo son doctrinas a saber, sino creencias sobre las cuales vivir. Me entusiasma la modernización de Steve de este libro clásico. Él toma las palabras de Simpson y las hace más accesibles para audiencias modernas, lo que trae una claridad más profunda a medida que elabora los pensamientos de Simpson para darle un entendimiento más completo al lector".

–Marv Nelson
Autor de Unleash: Empowering the Next Generation of Leaders y de What Good is Jesus?

"En esta nueva representación de *El Evangelio cuádruple*, Steve se arriesga al abordar uno de los textos 'sagrados' de la familia de la Alianza y, como resultado, nos da un regalo maravilloso. Este libro bendecirá a la Alianza Cristiana y Misionera, y a muchos más, con sus verdades intemporales sobre la riqueza de la vida y el carácter de Jesús, y lo que está disponible para nosotros como creyentes. Con cierta actualización del lenguaje y de las aplicaciones prácticas, ¡espero que muchos se vean influenciados y cambiados por esta obra!"

–Tim Meier
Vicepresidente de Desarrollo, Alianza EE. UU.

"La cristología de la Alianza es la base de la vitalidad de nuestra misión. No fue sino hasta que nuestro fundador experimentó a Jesús de una manera profundamente personal que pudo lanzar un movimiento global que ahora tiene 6,3 millones de creyentes y que continúa expandiendo sus fronteras hasta los rincones menos alcanzados del mundo. La brillante modernización que Steve hace de este libro fundamental invita a toda una nueva generación a redescubrir la férrea promesa de Cristo de la suficiencia máxima como la base firme para una vida alentada y un ministerio más allá de las fronteras".

– Peter Burgo
Editor jefe de Alliance Life Magazine

"Una vida más profunda, así como una vida cada vez más libre de culpa, vergüenza y miedo, realmente es posible en este lado del cielo. Esta vida más profunda proporciona un amplio acceso a la ayuda que tanto tú como yo necesitamos, y eso es posible a través de un acto de genuina confianza en Jesús.

En Él, tenemos todo lo que necesitamos. La genialidad de Simpson se mostró en cómo capturó esa verdad en *El evangelio cuádruple.* Y hoy, con anécdotas y lenguaje actualizados, volvemos a considerar la urgente relevancia de ello. Te invito a que lo experimentes por ti mismo y que, mientras lees, le recuerdes a tu alma que ya puede descansar de todas sus cargas y de todo su trabajo. En Jesús, ya tenemos todo lo que necesitamos".

–Javier Gómez Marrero
Superintendente del distrito de Puerto Rico de la ACYM

"Agradezco a Dios la oportunidad de que este gran proyecto impacte continuamente en muchos idiomas y culturas, incluido el español. Consideramos que será de gran valor para todo creyente".

–Eliat Aponte
Superintendente del distrito oriental español de la ACYM

Tabla de contenido

Introducción

por Steve Grusendorf

"Y será predicado este evangelio del reino en todo el mundo, para testimonio a todas las naciones; y entonces vendrá el fin".
-Mateo 24:14

———

La Alianza Cristiana y Misionera ha sido una familia cristocéntrica desde hace mucho tiempo, de conformidad con Hechos 1:8, centrada en completar la misión de Jesucristo. Anhelamos llevar a Jesús a todo el mundo; hacer eso requiere que proclamemos con coraje el rico y robusto evangelio que Jesús mismo proclamó.

El Dr. A. B. Simpson escribió *El evangelio cuádruple* alrededor de 1890 con el fin de captar la esencia de este evangelio y el ADN del movimiento que fundó, la Alianza Cristiana y Misionera. Este libro nunca fue destinado a ser un tratado teológico o un tomo denominacional. Más bien, fue un libro escrito para el cristiano convencional como un estímulo y un desafío a la vez.

Conforme lees estos capítulos, mi esperanza es que te sientas refrescado y alentado en tu caminar con Jesús. El Evangelio de Cristo es un evangelio completo, y un mensaje de esperanza y sanación para la actualidad. Jesús les dio a Sus seguidores todo lo que necesitaban no solo para sobrevivir en este mundo, sino para prosperar en Él.

Este libro es para todo cristiano que anhele experimentar la esperanza y la sanación en Jesús. Es para todos los cristianos que quieren algo más en la vida. Es una invitación a experimentar los ricos matices del maravilloso Evangelio de Jesucristo y a ver a Jesús como Salvador, Santificador, Sanador y Rey venidero.

Este libro también presenta un desafío. El desafío que cada lector enfrenta es creer en las innumerables promesas de Jesucristo. ¿Confías en Jesús como Salvador? ¿Estás dispuesto a someterte a Él como Sanador? ¿Estás listo para experimentar a Jesús como Santificador? ¿Vivirás a la luz de la verdad de que Jesús es nuestro Rey venidero? Sí, el evangelio de Jesús ofrece esperanza, pero también exige obediencia.

Mi oración es que, al leer esta versión modernizada de una obra clásica, serás reintroducido al evangelio completo de Jesucristo con el lenguaje fresco y moderno de la actualidad. También oro para que, a medida que te reconectas con El evangelio cuádruple, sientas motivación en tu caminar con Cristo y te propongas seguirlo más apasionadamente en estos últimos días antes de Su regreso.

CAPÍTULO I
Cristo nuestro Salvador

"La salvación pertenece a nuestro Dios que está sentado en el trono, y al Cordero". -Apocalipsis 7:10

———————————

Mientras la humanidad continúa su acelerada marcha hacia la destrucción y la ruina, el mundo se quema, inocentes son victimizados, un sinnúmero de personas pasan hambre y los arrogantes ignoran el llamado de los necesitados; este es el grito de todo cristiano que se encuentra a las puertas de la eternidad. Tras ellos yace una ciudad en ruinas, de la que fueron llamados y en la que el pecado causa estragos en la creación de Dios, y ante ellos yace un Salvador amoroso que los recibe con brazos abiertos.

En este momento, los cristianos miran hacia atrás y ven, con una visión perfecta, todos los caminos y los momentos por los que Jesús los ha guiado. Ahora, con perfecta claridad, ven el propósito de sus esfuerzos y los peligros en la tierra. Ven cómo la amorosa mano del Padre trabajó a lo largo de sus vidas y los mantuvo a salvo a través de cada situación. Ven cómo la presencia dotadora de poder del Espíritu Santo los asistió en sus días más oscuros. Ven a un Salvador que, aunque los recibe en el cielo, todavía trabaja en ese mundo en decadencia en Su búsqueda y salvación de los perdidos.

En este momento, los cristianos también miran hacia el futuro. Por primera vez, ven la realidad del cielo presentada ante ellos. Ven un lugar en el que la enfermedad, la muerte, el dolor y la miseria están ausentes. Ven, con mucha anticipación, un nuevo cuerpo libre de las debilidades que experimentaron cada día que vivieron en la tierra. Ven las túnicas del cielo listas para ellos, y comienzan a imaginar un futuro en un espacio así.

Ven todo esto y, después, vuelven su mirada hacia Aquel cuya mano mantuvo todo seguro para ellos y cuyo corazón eligió esto para ellos. Miran hacia el pasado, hacia el futuro y hacia el rostro de Aquel a quien deben todo, y luego alzan sus voces en un feliz grito triunfante: "La salvación pertenece a nuestro Dios que está sentado en el trono, y al Cordero" (Apocalipsis 7:10). Esto es lo que significa la salvación, aquello en lo que creyeron; para darles esto fue que Jesús murió. Lo tienen todo. Han sido salvados y la plena comprensión de ello por fin ha llegado a sus corazones.

Ahondemos un poco en lo que significa ser salvado. No es cualquier cosa, en lo absoluto. Renacer es algo glorioso. Cristo dijo que es más grande que el nombre de uno estuviera escrito en el cielo que la capacidad de expulsar demonios. Por lo tanto, pasar unos momentos para entender mejor una salvación tan grande y gloriosa es, sin lugar a dudas, un esfuerzo digno.

De lo que Jesús nos salva

Aunque no sea una palabra popular en el mundo contemporáneo, el pecado y sus efectos son visibles y palpables. El pecado es tan claramente visible que, a pesar de todo el bien que hay en nuestro mundo, el mal todavía reina. Niños mueren en condiciones de pobreza, inocentes caen víctimas de la trata de personas, inmigrantes son odiados y la naturaleza es convenientemente abusada para obtener ganancias egoístas. Sin embargo, el pecado no solo se ve, sino que también se siente. Se siente en el corazón de cada persona que se ha mirado en un espejo y no ha amado lo que ha visto. Se siente en las relaciones rotas, en las vidas arruinadas y en cada máscara falsa de felicidad que se muestra por miedo a ser vistos como realmente somos. Puede que en nuestro mundo actual no se hable mucho del pecado, pero sus trágicos efectos son demasiado fáciles de percibir.

La salvación en Jesús quita la culpa del pecado. Nos libera de toda responsabilidad y castigo por las ofensas que hayamos cometido en el pasado. Somos pecadores. Somos culpables de no vivir en armonía con Dios y con los demás. Nuestro pecado merece castigo. La salvación se lleva todo esto.

La salvación también nos salva de la ira de Dios. Dios odia el mal y de algún modo debe castigarlo: "Porque la ira de Dios se revela desde el cielo contra toda impiedad e injusticia de los hombres que detienen con injusticia la verdad" (Romanos 1:18). Somos sujetos legítimos de la ira santa de Dios. La humanidad se presenta ante Dios como culpable de sus cargos, pero la salvación nos libra de esto.

La salvación nos libera de la maldición de la ley. Las leyes de Dios, tanto divinas como naturales, son verdades inalterables que nos mantienen a todos en miedo y que instauran una culpa terrible al infractor. Cuando el pueblo de Israel estaba listo para que Dios le presentara Su ley, quedó abrumado. Le rogaron a Moisés: "Habla tú con nosotros, y nosotros oiremos; pero no hable Dios con nosotros, para que no muramos" (Éxodo 20:19). El otorgamiento de la ley, en sí, es algo terrible, pero si tal acto conllevaba tanto miedo y temor, ¿cuánto más miedo y temor están reservados para quienes la infringen? Y no necesitamos mucha imaginación, porque todos somos culpables de infringir la ley de Dios (Romanos 3:10–11).

Las desesperaciones más profundas de nuestra propia alma son el resultado de nuestras infracciones de la ley de Dios. Cuanto más nos alejamos de los caminos de Dios, mayor se hace el temor de la ley en nuestros corazones. Esto es igualmente cierto para quienes infringen la ley moderna. Imagina el miedo de a quien lo esté buscando el ojo de la justicia. Tarde o temprano, los culpables serán capturados. La red se estrecha cada vez más a su alrededor hasta que, finalmente, lo atrapa. Así, la red de la ley se ajusta alrededor del pecador que está bajo su poder. La salvación nos libera de esta maldición a través de quien se convirtió en maldición por nosotros.

La salvación también nos libera de nuestra mala conciencia. Siempre queda una sombra del pecado en nuestros corazones y un sentimiento de remordimiento. El recuerdo de culpas pasadas seguirá a las personas de tal modo que, tras muchos años, aunque hablan de los crímenes cometidos y del castigo del que escaparon, esa carga permanece en sus conciencias. A veces, parecía calmarse por un tiempo, pero luego brincaba sobre ellos como un león. La salvación nos libera de nuestra mala conciencia. Se lleva la sombra del corazón y el doloroso recuerdo del pecado del alma.

La salvación nos lleva al favor y al amor de Dios Padre y nos asegura la plena aceptación en la persona de Jesús.

La salvación nos libera de un corazón malo, que es la fuente de todo pecado. Aunque deseamos que no fuera así, pecar es natural para nosotros, aun si odiamos los pecados que cometemos. Nuestra tendencia hacia el mal está estampada en nuestra naturaleza humana.

Incluso cuando hacemos el bien, el mal está presente con nosotros y busca corromper lo bueno que hemos hecho. Tal mal toma posesión de nuestra voluntad y nuestro corazón como muerte viviente. Vivimos nuestras vidas como si estuviéramos encadenados a un cuerpo en putrefacción que emana un hedor tan fuerte que es imposible de ocultar. Este cadáver petrifica nuestro ser moral y también lo lleva hacia la muerte. La salvación nos libera de su poder y nos da una nueva naturaleza.

La salvación nos libera del miedo a la muerte. Se lleva el aguijón de ese último enemigo que, de otro modo, nos tendría sujetos a esclavitud de por vida a través del miedo (1 Corintios 15:55–57). La muerte ya no tiene poder sobre los cristianos. Este es el poder de nuestro Jesús. Él convierte el arma final del enemigo en el abrazo de bienvenida del cristiano. El lecho de muerte de los hijos de Dios es el portal al cielo.

La salvación nos libera del poder y del reino de Satanás: "[Dios] nos ha librado de la potestad de las tinieblas, y trasladado al reino de su amado Hijo" (Colosenses 1:13). Para nosotros, el diablo es un enemigo conquistado. La salvación nos libera de la tristeza, la ansiedad y el sufrimiento con los que el reino de este mundo, el dominio de Satanás, nos intenta cargar. Trae una gloriosa luz a nuestra vida y se lleva esas nubes de depresión y tristeza que a menudo nos abruman.

Más allá de todo, la salvación nos libera de la muerte eterna. ¡No hay ni un solo cristiano en el infierno, ni nunca lo habrá! La salvación nos garantiza que no seremos arrojados a la oscuridad de afuera en la que la presencia de Dios está ausente (Mateo 8:12). Antes de que fuéramos salvados, la muerte nos tenía aprisionados. La muerte nos tenía cautivos. Esperábamos el juicio por el pecado y solo estábamos seguros de un castigo: la separación eterna de Dios (Romanos 6:23).

Pero Cristo nos ha librado de nuestra esclavitud. La salvación nos ha librado de un futuro certero en las profundidades del infierno. ¿No es esa una gran noticia?

Lo que la salvación nos trae

La salvación nos trae el perdón de todos nuestros pecados y los elimina por completo. Son borrados de nuestro registro, como si todo lo que se tenía que hacer para borrarlos se hubiera hecho en su totalidad. La obra de la salvación significa que nuestros pecados no pueden volver a aparecer en nuestro registro.

La salvación nos trae la justificación ante los ojos de Dios, de tal modo que podamos presentarnos ante Él como seres justos. Se nos acepta como si hubiéramos hecho todo lo que Él había mandado y como si hubiéramos seguido todo aspecto de la ley al pie de la letra. Con un trazo elimina la deuda que había en nuestra contra, y con otro escribe allí toda la justicia de Cristo. Debemos aceptar ambos lados de esto. La pureza de Jesús se pone en tu cuenta como si fuera la tuya propia. Toda Su obediencia al Padre es tuya. Toda Su paciencia y gentileza son tuyas. Toda buena obra que hizo para bendecir a los demás se pone en tu cuenta como si lo hubieras hecho tú. Cada cosa buena que puedas descubrir en Jesús es tuya, y todo lo malo en ti es Suyo. Esta es nuestra maravillosa salvación.

La salvación nos lleva al favor y al amor de Dios Padre y nos asegura la plena aceptación en la persona de Jesús. El Padre nos ama igual que como ama a Su único hijo, Jesús. Debemos hacer una pausa y considerar la realidad de tal declaración. No se necesita mérito para asegurar la salvación. Recibimos este regalo únicamente por medio de la gracia (Efesios 2:8). Esto significa que la mujer realizada, con títulos y galardones de sus colegas, y alabanzas por sus buenas obras en la iglesia, no es más apta para entrar al cielo que el adicto perdido que se encuentra a las puertas del cielo por una sobredosis. Ambos serían rechazados si sus propios méritos fueran la manera de asegurar la entrada. Pero, si en ese momento, al buscar la entrada al cielo, Jesús se encuentra a estos dos y lo escuchan decir estas palabras: "Padre, los conozco. Yo responderé por ellos", al instante comenzarán a cantar todas las arpas del cielo, *Digno es el cordero que fue sacrificado*, y serán escoltados al cielo. Ni todas las prédicas que hemos hecho ni todo el servicio que hemos brindado serán suficientes para entrar. Debemos ser identificados con el Hombre que llevó las espinas; debemos ser aceptados en el amado, y luego, el Padre nos amará, incluso como ama a Su Hijo. Nosotros nos mantendremos con el Padre tal como Cristo lo hace.

La salvación nos da un corazón nuevo. Nos trae la regeneración del alma. Se nos da una naturaleza divina, nueva y fresca, y esta naturaleza es completamente parte de nuestro ser. Esta nueva naturaleza reemplaza por completo la naturaleza vieja, contaminada e inútil de nuestras vidas antes de Cristo.

La salvación nos da la gracia que necesitamos para vivir día a día. Un hombre puede ser perdonado y salir así de la cárcel, mas no tener dinero para satisfacer sus necesidades. Es perdonado, pero está hambriento y sin hogar. La salvación no solo nos saca de la prisión, sino que también nos aprovisiona con todo lo que necesitamos. Dios "... es poderoso para guardaros sin caída, y presentaros sin mancha delante de su gloria con gran alegría" (Judas 1:24).

La salvación nos trae la ayuda del Espíritu Santo, que siempre está con nosotros como una madre gentil, nos ayuda con nuestras debilidades y nos da gracia siempre que la necesitamos.

Nos trae la protección de la providencia de Dios, lo que hace que todas las cosas trabajen juntas para nuestro bien (Romanos 8:28). Esto no aplica a menos que seamos salvos; pero cuando somos hijos de Dios, todas las cosas en la Tierra y en el cielo están de nuestro lado.

La salvación abre el camino para todas las bendiciones que la siguen. Es el paso a la santificación, a la sanación y a la paz que sobrepasa el entendimiento (Filipenses 4:6). Aunque gloriosa, la salvación es solo el comienzo; es la puerta que nos lleva a una tierra llena de la bondad de Dios, tierra a la que podemos entrar y que podemos poseer.

La salvación nos trae la vida eterna. Mientras todavía vivimos en la tierra, comenzamos a ver que el cielo, incluso aquí en esta tierra llena de quebrantamiento y dolor, tiene sus puertas abiertas a nosotros. Comenzamos a vislumbrar la obra de Dios en nosotros y a nuestro alrededor. Y, cuando finalmente llegamos al trono de Dios en el cielo y podemos mirar hacia atrás y ver lo mucho que Dios obró en nuestro mundo, cantaremos con los rescatados: "La salvación pertenece a nuestro Dios que está sentado en el trono, y al Cordero" (Apocalipsis 7:10).

El proceso mediante el cual llegan estas bendiciones

En pocas palabras, llegan por la misericordia y la gracia de Dios: "Porque de tal manera amó Dios al mundo, que ha dado a su Hijo unigénito, para que todo aquel que en él cree, no se pierda, mas tenga vida eterna" (Juan 3:16).

Obtenemos la salvación mediante la justicia de Jesucristo. Él cumplió perfectamente todos los requerimientos de la ley, y lo hizo por nosotros. Si hubiera caído aunque fuera en una tentación, no podríamos haber sido salvos. Piensa en eso cuando tengas la tentación de decir algo hiriente y estés a punto de hacerlo. Supongamos que Jesús lo hubiera hecho; nos hubiéramos perdido para siempre.

En todo momento se mantuvo firme en el camino de la obediencia, y Su gracia y obediencia perfectas son el precio de tu salvación.

La salvación llega a nosotros mediante la muerte de Cristo. Su obediencia no fue suficiente. Él tenía que morir. Su crucifixión fue la expiación de nuestros pecados.

La salvación viene a través de la resurrección de Jesucristo de entre los muertos, que fue el sello de la obra cumplida de Dios y el compromiso de nuestro perdón.

La salvación nos llega a través de la intercesión de Jesús, que está a la derecha del Padre. Él es nuestro Gran sumo sacerdote (Hebreos 4:14). Él reside al lado del Padre e intercede constantemente por nosotros, lo que nos mantiene en una buena relación con el Padre.

La salvación llega a través de la gracia del Espíritu Santo. El Espíritu de Dios es enviado a la Tierra, mediante la intercesión de Cristo, para llevar a cabo Su obra en nuestros corazones y en nuestras vidas. Él mantiene nuestros pies en el camino correcto. Él nunca dejará de trabajar en nosotros hasta que nos lleve de forma segura a la presencia de Jesús.

La salvación llega a nosotros por medio del evangelio. La salvación se nos presenta en las buenas nuevas de Jesucristo. Nuestro rechazo a Jesús realmente fija, de manera concluyente y por medio de nuestras acciones, nuestra condición eterna. Sin embargo, si aceptamos esta buena nueva, se convierte en "el evangelio de nuestra salvación" (Efesios 1:13).

Los pasos por los que se recibe la salvación

La salvación no puede llegar sin experimentar antes la convicción del pecado. Debemos entender nuestra necesidad y nuestro peligro antes de poder ser salvos. El Espíritu Santo trae esto a nuestros corazones y conciencias (Juan 16:8). Hasta que no tengamos conocimiento de nuestra necesidad de Cristo, no podemos recibirlo; pero cuando el corazón está profundamente impresionado por un sentido del pecado, Cristo se convierte en el único que puede salvar.

Luego, debemos recibir a Jesús como nuestro Salvador. El alma debe verlo como capaz y dispuesto a salvar. No será suficiente sentir y confesar la culpa. La confesión, por sí sola, no es suficiente; necesitamos a Jesús. Por lo tanto, Cristo le dice a todo verdadero buscador, "mirad a mí, y sed salvos, todos los términos de la tierra" (Isaías 45:22), porque "...todo aquel que ve al Hijo, y cree en él, tenga vida eterna; y yo le resucitaré en el día postrero" (Juan 6:40).

La salvación llega por medio del arrepentimiento. Debe haber un alejamiento del pecado. Esto no necesariamente consiste en un simple sentimiento emocional; significa que la voluntad y el propósito del corazón se alejan del pecado y se acercan a Dios.

La salvación llega al acercarnos a Jesús. El alma no solo debe alejarse del pecado; eso por sí solo no la salvará. La esposa de Lot se alejó de Sodoma, pero eso solo no la salvó. (Génesis 19:26). Debe haber un acercamiento a Jesús, al igual que un alejamiento del pecado.

La salvación viene a nosotros cuando aceptamos a Jesús como un Salvador. Esto no significa simplemente llorarle para que nos salve, sino reclamarlo como el Salvador, aceptar Sus promesas y creer que es nuestro Redentor personal.

La salvación llega a nosotros cuando creemos que Cristo nos ha aceptado y al confiar en la fidelidad de Sus promesas. Esto nos llevará a la dulzura de la seguridad y de la paz, y, a medida que creemos en la promesa, el Espíritu la sellará en nuestros corazones y nos testificará que somos hijos de Dios.

La salvación llega a nosotros al confesar que Cristo es nuestro Salvador. Este es un paso necesario. Es como la ratificación de un acuerdo o la celebración de un matrimonio: estampa y sella nuestro acto de compromiso.

No necesitamos trepar una montaña lejana para, al final de un arduo peregrinaje, encontrar a Jesús.

La salvación implica nuestra permanencia en Jesús. Cuando, una vez por todas, das por sentada tu salvación, no hay que volverlo a hacer: "Por tanto, de la manera que habéis recibido al Señor Jesucristo, andad en él" (Colosenses 2:6).

Lo que la Biblia dice sobre la salvación

- Se llama la salvación de Dios. Podemos sentir una paz profunda al saber que nuestra salvación no fue un invento del hombre. Dios es su único autor y es el único Salvador (Efesios 2:8–9).

- También se le llama "tu propia salvación", porque tú mismo debes recibirla (Filipenses 2:12).

- Se le llama "la salvación común" porque es gratis para todos los que la aceptan (Judas 3).

- Se le llama una "gran salvación" porque es completa e infinita en cuanto a sus provisiones. Es lo suficientemente grande para todas tus necesidades (Hebreos 2:3–4).

- A Cristo le dicen "el poderoso que salvará" porque, sin importar qué tan débil o malvado sea el pecador, Jesús lo puede salvar completamente (Sofonías 3:17).

- Se le llama una salvación cercana: "No digas en tu corazón: ¿Quién subirá al cielo? (esto es, para traer abajo a Cristo); o, ¿quién descenderá al abismo? (esto es, para hacer subir a Cristo de entre los muertos).

Mas ¿qué dice? Cerca de ti está la palabra, en tu boca y en tu corazón. Esta es la palabra de fe que predicamos: que si confesares con tu boca que Jesús es el Señor, y creyeres en tu corazón que Dios le levantó de los muertos, serás salvo" (Romanos 10:6–9). Esta es una noticia muy alentadora. No necesitamos trepar una montaña lejana para, al final de un arduo peregrinaje, encontrar a Jesús. Tampoco debemos someternos a mucho sufrimiento para recibir una audiencia con Jesús. Podemos encontrarlo donde sea que estemos. La salvación está tocando la puerta. Podemos aceptarla a medida que nos encontramos con Él, ya que está cerca de nosotros. No hay más pasos que dar o procesos por realizar entre Jesús y tú. Tienes acceso directo a Él. Simplemente ven a Jesús, acéptalo tal cual eres hoy, y Él te dará todo lo que necesites.

¿Por qué se llama el evangelio de las buenas nuevas?

- Debido a su valor, ya que viene cargado de bendiciones para aquellos que lo reciben (Efesios 1:3–5).

- Debido a su libertad, porque puede ser tomado sin dinero; no tiene precio (Romanos 5:15–18).

- Debido a su disponibilidad, puesto que es de fácil acceso, ya que está al nivel del peor pecador (Romanos 10:14–21).

- Debido a su universalidad: "Y el que tiene sed, venga; y el que quiera, tome del agua de la vida gratuitamente" (Apocalipsis 22:17).

- Debido a la seguridad de sus bendiciones, que son dadas para siempre: "De cierto, de cierto os digo:

El que oye mi palabra, y cree al que me envió, tiene vida eterna; y no vendrá a condenación, mas ha pasado de muerte a vida" (Juan 5:24).

• Debido a la eternidad de sus bendiciones, el sol se habrá quemado hasta convertirse en cenizas, la Tierra habrá sido destruida por calor volcánico y los cielos habrán cambiado cuando la salvación apenas haya iniciado. Incluso después de que hayan pasado miles y miles de años, solo habremos empezado a entender un poco la verdadera bendición del significado de la salvación.

¿Por qué debería recibir y compartir esta salvación?

La salvación está sujeta a la libertad de elección y albedrío de cada persona que está en la Tierra. Tenemos el poder de aceptar la salvación como propia o de rechazarla. Nunca estamos obligados a recibir esta salvación. Debemos recibirla o rechazarla voluntariamente. Debemos recibir esta salvación con sencillez debido a la enorme responsabilidad de la que se nos hace responsables por la salvación de nuestra alma. Dios nos ha dado una joya de valor inestimable, y nos hará responsables por la forma en la que tratemos algo tan precioso. ¡Considera lo que será de nuestro juicio si destruimos este regalo tan valioso!

Debemos recibir y compartir este regalo debido a lo que le costó a nuestro Salvador. Considera la preciosa sangre de Cristo que fue derramada para nuestra salvación. Es tan valiosa y preciada para nosotros. Es la fuente de nuestra vida eterna. Si vale tanto para nosotros y si tanto le ha costado a Dios proporcionarla, ¿qué debemos pensar de quien no la recibe? Jesús sufrió intensamente para traernos la salvación; ¿debemos dejarla a un lado tan descuidadamente?

La salvación debería ser recibida y compartida porque, para ser completamente honestos, la vida es corta. Sí, hemos hecho grandes avances, como humanidad, para preservar nuestras vidas. Sin embargo, nuestras vidas siguen siendo muy frágiles y cortas. ¡Qué riesgo tan temerario corremos cuando no aceptamos el regalo de la salvación ahora! Este es el momento de nuestra salvación; ni nos atrevamos a esperar.

La salvación debe ser recibida y compartida porque, si se pierde, nada lo excusará. El cuidadoso plan de salvación de Dios ha sido completamente revelado. Todo lo que se necesitaba hacer ya se ha hecho. La salvación ha descendido a nuestro nivel y está al alcance de todos nosotros. El perdón es nuestro, la gracia es nuestra, y el arrepentimiento y la fe son nuestros si tan solo los aceptamos. Y, si luchamos, Dios promete suministrar cualquier cosa que nos falte. La salvación se le presenta a todos los pecadores. Si se pierde un alma es porque esa persona ha ignorado y desafiado al amor de Dios.

Protegemos lo que atesoramos, ya sea la foto de una boda, una reliquia de la familia o un tesoro de la infancia. Estos objetos preciosos nos remontan a recuerdos atesorados. Pero, por más preciosas que estas cosas sean, no irán con nosotros a la eternidad. No. Cuando nos presentamos ante el trono, lo importante no son las cosas que le presentamos a Dios, sino las personas. Debemos compartir esta salvación para que podamos presentar a nuestros amigos, familiares y vecinos a Jesús en la eternidad. No hay nada más precioso para Jesús que cada vida humana.

Jesús te ha regalado la salvación, pero no es solo para ti. La salvación se debe compartir liberalmente con quienes nos rodean, de modo que las puertas del cielo estén llenas de redimidos. Mientras contemplamos el gran regalo de la salvación que hemos recibido, también hagamos algo al respecto. Compartamos este gran regalo con quienes necesiten experimentar el perdón de Cristo, nuestro Salvador, ya sea que estén cerca o lejos.

CAPÍTULO 2
Cristo nuestro Santificador

"Y por ellos yo me santifico a mí mismo, para que también ellos sean santificados en la verdad" -Juan 17:19.

Este pequeño versículo nos señala una inmensa verdad. Es completamente posible que las personas vivan de tal manera que hagan que otros piensen que son santos. Sin embargo, esta pseudosantidad no es una verdadera santificación. Los fariseos del tiempo de Jesús vivían así. Su santidad era falsa. Tales vidas, tanto en los días de Jesús como en los nuestros, no son verdaderos ejemplos de santidad, sino formas defectuosas de la vida cristiana. Tales vidas no representan todo lo que la plenitud de Cristo puede hacer por nosotros. La verdadera santificación, esa hermosa obra de Cristo en la vida de los cristianos, es el segundo paso de El evangelio cuádruple.

Aprender sobre la santificación al saber lo que no es

El discipulado, en su forma más simple, consta en aprender a vivir la vida de Jesús al ser Su estudiante. Aunque hay muchos elementos buenos, e incluso santos, en el carácter cristiano, no todos los elementos se deben considerar propiamente como de santificación.

Para entender mejor a Cristo como nuestro Santificador, primero debemos eliminar la confusión al decir lo que no es la santificación.

La santificación no es lo mismo que la regeneración. No es la conversión. Convertirse en cristiano es maravilloso y es una bendición. No es ninguna pequeñez. La salvación eterna es motivo de gozo eterno, pero el alma también debe entrar en la santificación. No son lo mismo. La regeneración es el principio. Es el germen de la semilla, pero no es la plenitud veraniega de la planta. El corazón todavía no ha alcanzado la victoria total sobre los antiguos elementos del pecado. De hecho, de vez en cuando el pecado todavía supera al joven creyente.

La conversión y la santificación están ciertamente relacionadas. Considera la construcción de un nuevo hogar. La conversión es el trabajo necesario para edificar la casa. Dios, en Su gracia, pone los cimientos y construye sobre ellos. Finalmente, llega el momento en que el pecador se arrepiente y la casa está terminada. Queda un nuevo hogar completo en pie. Sus paredes y sistema de plomería han sido instalados correctamente. Sin embargo, este edificio, aunque completo, todavía no está amueblado. Está vacío. La santificación es que el propietario entre y llene la casa con la alegría que conoce el nuevo propietario de la casa. Antes, el edificio estaba sólido y firme, pero es después de ser llenado por el propietario que se convierte en un espacio cálido, acogedor y hermoso. Muchos cristianos están convertidos, pero allí se detienen. Tienen una casa, pero está vacía. No llenan su casa con la plenitud de Cristo en sus vidas.

La salvación se obtiene únicamente por gracia, así también la santificación.

Este punto no es meramente académico. Quienes no proceden a llenar su casa con la plenitud de Cristo, a menudo están en peligro de perder lo que ya poseen. Verás que los que no se esfuerzan en su experiencia cristiana para obtener la plenitud de su herencia en Jesús, muchas veces se vuelven fríos y serios. El mal en sus propios corazones se vuelve a afirmar, y es muy probable que los venza y que su obra traiga confusión y desastres a la causa de Cristo. Si escapan del resultado, será como por el fuego (1 Corintios 3:15). ¿Recuerdas a un joven cristiano que parecía estar maravillosamente convertido y lleno de amor de Dios, pero quien, con el tiempo, lenta y seguramente perdió esa pasión y encontró su camino de regreso a su vida antes de conocer a Cristo? Obtuvo un nuevo corazón, pero omitió ahondar en enseñanzas más profundas y en la vida que Cristo tiene para todos sus hijos.

La santificación no es moralidad ni ningún logro de carácter. Hay mucho en la vida humana que es hermoso y que no es santificación. Un hombre no puede desarrollar un buen carácter humano por sí mismo y luego llamarlo obra de Dios. No aguantará la presión que ciertamente caerá sobre él. Solo la casa que está edificada en la Roca de las edades permanecerá segura a través de las tormentas de la vida (Mateo 7:24–27).

Solo crecemos en nuestra santificación después de que la hemos recibido como un regalo de parte de Cristo mismo.

La santificación tampoco es obra propia. No es el logro gradual de la santidad a través de un esfuerzo humano. Debemos confesar dos verdades igualmente importantes.

La salvación se obtiene únicamente por gracia, y así también la santificación. Si poco a poco nos hiciéramos santos, año tras año, ¿no podríamos llenarnos de orgullo por la obra de nuestras manos? No, no podemos hacernos santos por nuestra propia cuenta. La santificación debe ser, ante todo, un regalo antes de que pueda crecer en nuestras vidas. Solo crecemos en nuestra santificación después de que la hemos recibido como un regalo de parte de Cristo mismo. La santificación nunca es algo que obtenemos a través de nuestros propios esfuerzos. Con qué rapidez olvidamos que la gracia es la clave de la salvación y de la santificación. Debemos entregarnos a Dios y ser salvos (Efesios 2:8). Después, debemos ofrecernos como sacrificios vivos y ser santificados (Romanos 12:1). Ambos puntos son fundamentales. Lo que es imposible para nosotros, es fácil para nuestro Señor. Sin embargo, por más fácil que sea, debemos aceptar que es Jesús quien hace la obra de salvar, purificar e infundir.

La santificación no es la obra final de Dios antes de la muerte. Hoy en día, algunos todavía luchan con la idea de que el cuerpo es intrínsecamente pecador y se debe, de alguna manera, lidiar con eso. Esta idea es tanto antigua como incorrecta. El mismo Manichaen propuso que la carne no es santa, y que si pudiéramos librarnos del cuerpo, nuestro espíritu estaría libre del pecado y al fin sería puro. Sin embargo, no hay pecado en nuestros cuerpos. No disminuimos la cantidad de pecado que tenemos al amputar una mano o una pierna. El pecado no está en el cuerpo; está en el corazón, el alma y la voluntad. Si fuéramos capaces de quitar nuestros cuerpos de nuestro espíritu, nuestro espíritu seguiría siendo algo duro, rebelde y pecador. La muerte no santifica, solo Jesús lo hace. La hora de la muerte es un mal momento para ser convertido. Será todavía peor para ser santificado.

No aconsejaría a nadie que pospusiera su salvación a la hora de la muerte cuando el corazón está oprimido y el cerebro nublado, y cuando la mente tiene necesidad de confianza y descanso, y un sentido de victoria para permitirle entrar en la presencia de Dios con plenitud de alegría. Tampoco es el mejor momento para la obra más profunda del Espíritu Santo. Hay que ingresar a la santificación de forma inteligente cuando la mente está clara. Es un acto deliberado, que pide el ejercicio calmado de todas las facultades que trabajan bajo la influencia controladora del Espíritu Santo.

La santificación no es la autoperfección. Nunca seremos tan inherentemente buenos como para que no haya posibilidad o tentación de pecar en esta vida. Nunca llegaremos a un lugar donde no necesitemos, a cada momento del día, permanecer en Él. Al instante en que nos sentimos capaces de vivir sin Él, surge una vida separada dentro de nosotros que no es una vida santificada. En el momento en que ustedes o yo nos damos cuenta de que somos fuertes o puros en nuestra propia fuerza, en ese instante, comienza la labor de desintegración. Nos ha hecho independientes de Él, y nos hemos separado de la vida de Cristo. Debemos ser recipientes vacíos sencillos, abrir canales para que Su vida fluya. Solo cuando hacemos esto, empezamos a recibir la perfección de Cristo como nuestra propia. Solo entonces nos volvemos cada vez menos nosotros mismos a medida que Él crece más dentro de nosotros.

Finalmente, la santificación no es una experiencia emocional. No es una subida emocional o un sentimiento. La santificación reside en la voluntad y el propósito de la vida. Es una conformidad práctica de la vida y de la conducta a la voluntad y el carácter de Dios. Nuestra voluntad debe elegir a Dios. El propósito del corazón debe ser entregárnosle, agradarle y obedecerle. Eso es lo importante, amar, escoger y hacer Su santa voluntad. No puedes tener ese espíritu en ti y no ser feliz.

El espíritu que anhela la mera alegría sensacional aún tiene una vida propia no santificada. Debe salir de esa forma de ser y entrar a Dios antes de poder recibir mucho de Él.

Definición de la santificación

Ahora que nos hemos enfocado más claramente en la santificación al eliminar de nuestra comprensión lo que no es la santificación, pondremos nuestra atención en entender las múltiples facetas de esta maravillosa joya de la verdad.

La santificación es la separación del pecado. Esa es la idea raíz de la palabra. El cristiano santificado está separado del pecado, de un mundo malo, incluso de su propio yo, y de cualquier cosa que sería una causa de separación entre él y Cristo en la nueva vida. No significa que el pecado y Satanás sean destruidos porque está santificado. Dios aún no trae el milenio, pero Él pone una línea de demarcación entre el alma santificada y todo lo que es impío.

El gran problema con los cristianos es que tratan de destruir el mal. Ellos piensan que si el pecado pudiera ser realmente decapitado y Satanás muerto, serían supremamente felices. Es una sorpresa para muchos de ellos, después de la conversión, que Dios todavía deja al diablo vivir. Dios no prometió en ninguna parte que Él matará a Satanás, pero sí prometió poner un abismo amplio y profundo entre el cristiano y el pecado (Salmo 103:12). Lo único que debe hacer el cristiano con el pecado es repudiarlo y dejarlo solo. Hay suficiente pecado en el mundo para destruirnos a todos si lo permitimos. Estamos rodeados por él como el amplio acceso a Internet, que está presente en todas partes a la vez si tan solo conseguimos una conexión. Este acceso al pecado será así hasta el final de los tiempos, pero Dios se propone a que tú y yo estemos separados de este pecado, desconectados por decirlo así, en nuestro espíritu.

La santificación también significa estar dedicado a Dios. Esa también es la idea raíz de la palabra. Es la separación del pecado y la dedicación a Dios. Un cristiano santificado está completamente entregado a Dios para agradarle en cada particularidad; su primer pensamiento siempre es: "Hágase tu voluntad"; su único deseo es poder agradar a Dios y hacer Su santa voluntad. Este es el pensamiento expresado por la palabra "consagración". En el Antiguo Testamento, todas las cosas que fueron apartadas a Dios fueron llamadas santificadas, incluso si no había habido pecado en ellas antes. El Tabernáculo fue santificado; nunca había pecado, pero estaba dedicado a Dios. En el mismo sentido, todas las vasijas del Tabernáculo fueron santificadas. Fueron apartadas para un uso santo. Queridos amigos, Dios espera algo más de nosotros que simplemente estar separados del pecado. Eso es solo bondad negativa. Él espera que estemos completamente dedicados a Él, que el deseo supremo de nuestros corazones sea amarle, honrarle y agradarle. ¿Estamos cumpliendo Sus expectativas en esto?

La santificación también incluye la conformidad a la voluntad y la semejanza de Dios. Debemos estar a Su imagen y con la estampa de Jesucristo. Un cristiano santificado es sumiso y obediente al Señor. Desea la voluntad divina por encima de todo lo demás en la vida, y ve esta voluntad como mejor y más sabia para él de lo que cualquier otra cosa puede ser. Es consciente de que le falta algo si le falta la voluntad de Dios para él. Alza su voz instintivamente: "Hágase tu voluntad", pues sabe que promoverá su bienestar mucho más de lo que lo haría su propia voluntad.

No podemos conformarnos a la imagen de Dios sin amor, porque Dios es amor. Esto es, tal vez, la característica más fuerte en una vida verdaderamente santificada.

Finalmente, la santificación significa amor, amor supremo a Dios y a toda la humanidad. Este es el cumplimiento de la ley (Romanos 13:8). El amor es el comienzo de todo lo que está bien en la vida cristiana. No podemos conformarnos a la imagen de Dios sin amor, porque Dios es amor. Esto es, tal vez, la característica más fuerte en una vida verdaderamente santificada. Viste a todas las otras virtudes con suavidad y calidez. El amor es lo que nos transforma del cristiano estoico que está listo para morir por sus creencias al cristiano tierno que está listo para dar su vida por los demás (Juan 21:15). El amor es visto en el corazón tierno de Jesús, quien, aunque tenía todo poder y autoridad, se inclinó mansamente a Su dolorosa muerte porque era la voluntad de Su Padre. El amor es lo que transforma. Queridos amigos, un mayor amor de Dios en nuestras vidas solo puede significar un gran amor por nuestros prójimos, pues la santificación lleva el fruto de un amor semejante al de Cristo.

La fuente de la Santificación

El corazón y el alma de todo el asunto es ver que Jesús mismo es nuestra santificación. La santificación no solo se trata del conocimiento; se trata de la experiencia. Jesús mismo se convierte en nuestra santificación; y por lo tanto, debemos experimentar más de Jesús: "Y por ellos yo me santifico a mí mismo, para que también ellos sean santificados en la verdad" (Juan 17:19). Parece que Jesús temía que Sus seguidores buscaran la santificación fuera de Sí mismo. Así que, sabiendo que Sus seguidores nunca podrían alcanzar la santificación excepto a través de Sí mismo, dijo: "Me santifico a mí mismo".

Jesús nos ha comprado la santificación. Es parte del fruto de la cruz: "porque con una sola ofrenda hizo perfectos para siempre a los santificados" (Hebreos 10:14);

"En esa voluntad somos santificados mediante la ofrenda del cuerpo de Jesucristo hecha una vez para siempre" (Hebreos 10:10). Así que debemos confesar con más pasión que la santificación no viene a nosotros por nuestros propios esfuerzos. La santificación es la recompensa de la cruz. Es nuestra por la compra de Jesús tanto como Su perdón lo es. Tienes tanto derecho a ser santo y santificado como a ser salvo. Puedes ir a Dios y reclamarlo como tu herencia tanto como puedes hacerlo con tu perdón para el pecado. Si no lo tienes, estás corto en tus privilegios de redención en Jesús.

La santificación debe ser recibida como uno de los dones gratuitos que Dios desea otorgarnos. Si no es un regalo, entonces no es una parte de la redención. Si es una parte de la redención, entonces es tan gratuita como la sangre de Jesús.

La santificación viene a través de la morada personal de Jesús. Jesús no solo nos envía justicia; Él viene a vivir personalmente dentro de nosotros. Las palabras y el conocimiento por sí solos no pueden describir adecuadamente este pensamiento. Es por eso que declaramos que la santificación debe ser experimentada y no solo comprendida. Podemos saber que Jesús desea llenarnos, pero esto no es suficiente. El cristiano debe estar desesperado por ser llenado. Esta desesperación viene — solo en ese momento cuando experimentamos el llenado de Jesús— cuando nos damos cuenta de que todas las otras maneras de ser santificados son inadecuadas. En este momento, clamamos a Jesús para que nos llene con Su presencia, y Él así lo hace. Jesucristo mismo viene al corazón y vive Su propia vida allí, y así Jesús se convierte en la santificación del alma.

Esto es lo que se entiende en el versículo anterior, Juan 17:19. Es para Su pueblo que Jesús se santifica, y cualquiera que trate de vivir una vida santificada aparte de Él no está verdaderamente santificado. Deben llevar a Jesús como sus vidas para ser verdaderamente santificados. Ese es el sentido personal de la santidad divina: "Mas por él estáis vosotros en Cristo Jesús, el cual nos ha sido hecho por Dios sabiduría, justificación, santificación y redención" (1 Corintios 1:30). Jesús es la verdadera sabiduría. Él está muy por encima de cualquier otra filosofía o idea. Jesús está muy por encima de cualquier otra justicia, santificación o redención. Y Jesús viene a nuestros corazones en forma de sabiduría. Él no nos mejora ni nos convierte en algo para ser contemplado como raro y maravilloso en la comunidad cristiana. Él solo viene a nosotros y vive como lo hizo cuando caminó por la Tierra.

Cuando el Tabernáculo fue terminado en el Antiguo Testamento, el Espíritu Santo descendió y lo poseyó, y se estableció en él para que la gloria del Señor llenara el Tabernáculo (Éxodo 40:34–35). Dios vivió allí después de que fue dedicado a Él. Así que, cuando estamos dedicados a Dios, Él viene a vivir en nosotros y transfunda Su vida a través de todo nuestro ser. Aquel que caminó por la Tierra con Sus discípulos, Aquel que bajó en poder sobre los discípulos en Pentecostés, viene a ti y a mí cuando estamos completamente dedicados a Él. Lo experimentamos tan claramente como si Él fuera a salir del cielo y a poner Su mano sobre nuestro hombro para garantizarnos Su presencia. Cuando Jesús nos habita, vivimos nuestras vidas en Su gloriosa sombra. Dios viene a morar en el corazón de Su pueblo y a vivir Su vida santa dentro de nosotros. Escucha las poderosas palabras del profeta Ezequiel:

"Esparciré sobre vosotros agua limpia . . ." -Ezequiel 36:25
Esto es el perdón. Nuestros pecados son limpiados.

"Os daré corazón nuevo . . ." -Ezequiel 36:26
Esto es la regeneración. Estamos vivos en Jesús.

"Y pondré dentro de vosotros mi Espíritu, y haré que andéis en mis estatutos, y guardéis mis preceptos, y los pongáis por obra". -Ezequiel 36:27

Esto es algo más que el perdón y la regeneración. El Dios vivo viene a vivir en el nuevo corazón de los redimidos. El Espíritu Santo habita en el corazón de carne que Dios ha dado para que cada movimiento, cada pensamiento, cada intención y cada deseo de todo nuestro ser, sea impulsado por la vida de Dios dentro.

Cuando somos santificados en Jesús, Dios se manifiesta de nuevo en la carne. Esta es la única verdadera culminación de la santificación. Solo de esta manera podemos entrar por completo en la vida de la santidad. A medida que somos llenos y poseídos por el Espíritu Santo, somos hechos partícipes de la naturaleza divina. ¡Qué cosa sagrada, compartir semejante relación con Dios!

La santificación pone incluso a los más humildes y menos atractivos entre nosotros en el trono con Cristo. Si sabemos que Dios habita con nosotros de tal manera que hemos cambiado, entonces no nos atrevemos a profanar semejante presencia con pecado. Hay una tranquilidad en nuestros corazones mientras caminamos con la cabeza inclinada, conscientes de la joya que llevamos dentro de nuestros corazones. Esto es lo que es lo que significa que Cristo nos santifique. ¿Sabes personalmente lo que es experimentar a Cristo como tu Santificador? ¿Sabes lo que es oír a Jesús decirte: "Y por *ti* yo me santifico a mí mismo, para que también *tú* seas santificado en la verdad" (Juan 17:19)?

Cómo recibir a Cristo como Santificador

Para recibir a Jesús como nuestro Santificador, primero debemos ver y admitir que no estamos santificados. Si la santificación es como la salvación, en que es un don de Dios para ser recibido por la gracia, entonces debe ser completamente aceptada. Todos estamos de acuerdo en que para que la conversión sea genuina, uno debe ver que fuera de Jesús no hay esperanza. No hay nada que contribuir para la salvación. No somos propietarios de ella. Más bien, debemos aceptar o rechazar la oferta de salvación de Jesús por su propio mérito. Lo mismo sucede cuando se trata de la santificación.

El primer paso para recibir a Cristo como nuestro Santificador es confesar con valentía que necesitamos ser santificados.

Muchos cristianos olvidan que la santificación también es recibida por gracia. Olvidan que Jesús no está interesado en lo que podemos hacer por nuestra cuenta. Él no está buscando que nos perfeccionemos un poco antes de terminar el resto por nosotros a través de la santificación. Debemos ver por nosotros mismos que no estamos santificados y que debemos serlo si queremos seremos felices en nuestra vida cristiana. Lo primero que Dios hace, a menudo para llevarnos donde podemos ver, es llenarnos de vergüenza hacia nosotros mismos al dejarnos caer en los errores y exponer nuestras fragilidades para que las notemos. Este es un lugar difícil para los cristianos que solo vinieron a Jesús, en primer lugar, debido a la vergüenza de su pecado y su necesidad de salvación. Sin embargo, en estas humillantes autorevelaciones podemos ver, tal vez por primera vez, que nuestros esfuerzos no son lo que nos hace justos, no antes de la salvación ni después de ella.

Aprendemos que no podemos mantener nuestra promesa de cambiar si la hacemos con nuestras propias fuerzas. Estos momentos son difíciles pero muy necesarios. Dios ha permitido que Sus queridos hijos aprendan esta lección a través de las edades, y que la aprendan mediante repetidos fracasos hasta que cada uno la aprenda de Él mismo. El primer paso para recibir a Cristo como nuestro Santificador es confesar con valentía que necesitamos ser santificados.

Luego, debemos llegar a ver a Jesús como nuestro Santificador. Si con una sola respiración clamamos: "¡Miserable de mí! ¿Quién me libertará de este cuerpo de muerte?" (Romanos 7:24), a esto también debemos añadir: "Gracias doy a Dios, por Jesucristo Señor nuestro" (Romanos 7:25). No es suficiente que lamentemos nuestra incapacidad de vivir de la forma en que somos llamados. Así como sentir pena por nuestro pecado no nos lleva a Cristo nuestro Salvador, tampoco la pena por nuestra incapacidad de vivir una vida santa nos lleva a Cristo nuestro Santificador. Debemos ver a Jesús como el Gran Liberador en ambos casos y saber que Él es capaz de satisfacer nuestras necesidades y suministrarlas. No es el dolor por nuestro estado actual lo que nos ayuda a ver quién es Jesús en verdad. Solo nuestra creencia llena de fe, en que Jesús puede satisfacer nuestras necesidades, nos permitirá aceptar completamente a Jesús como nuestro Salvador y nuestro Santificador.

Una vez que vemos a Jesús como nuestro Santificador, debemos hacer una entrega completa a Él en todo. Debemos entregarnos a Él de forma exhaustiva, definitiva e incondicional y tenerlo grabado en nuestro corazón como si estuviera escrito en las rocas o pintado en el cielo. Grábalo en los archivos de tu mente. Recuerda siempre "en ese día y a esa hora, me entregué a Cristo por completo y Él se volvió mío por completo".

También debemos creer que Él recibe la dedicación que realizamos. Él es tan sincero, dispuesto y real sobre ello como tú lo eres. En medio de la quietud del cielo, Él escucha tus votos. Él susurra cuando has terminado: "Hecho está... Al que tuviere sed, yo le daré gratuitamente de la fuente del agua de la vida. El que venciere heredará todas las cosas, y yo seré su Dios, y él será mi hijo" (Apocalipsis 21:6–7).

Muchas personas cometen errores con algunos de estos pasos. Algunos de ellos se aferran a una parte de su antigua bondad y, por lo tanto, se encuentran con fracasos. Otros tropiezan en el segundo paso. No ven que Jesús es su Santificador completo, y muchos no pueden dar el tercer paso y hacer una entrega completa de todo a Él. Muchos fracasan, incluso cuando han dado estos pasos, al no poder creer que Jesús los recibe. Mantén estos cuatro pasos claros: "Estoy muerto; mi propia vida ha sido entregada y enterrada lejos. Jesús es mi Santificador y mi todo en todo. Yo entrego todo en Su mano para que Él haga lo que Él crea que es mejor. Creo que Él recibe la dedicación que le hago. Creo que Él estará en mí en todo lo que necesite en esta vida o en el mundo por venir". Estoy seguro, queridos amigos, que cuando hayan dado estos cuatro pasos, nunca podrán ser como antes. Algo se habrá hecho que nunca se podrá deshacer. Ahora le perteneces al Señor. Su presencia ha entrado a tu corazón; puede ser como un pequeño manantial en la ladera de una montaña, pero se convertirá en grandes ríos en profundidad y poder.

Cómo vivir la vida santificada en la práctica

- Sé obediente. Debemos vivir una vida de obediencia implícita a Dios, haciendo siempre lo que Él propone y estar a partir de ahora bajo Su entera dirección.

- Escucha. Siempre debemos escuchar con diligencia Su voz. Tendremos que escuchar con atención, porque Jesús habla suavemente.

- Mantente cerca. En cada época de conflicto, tentación o pruebas, debemos acercarnos a Dios y entregarle ese asunto. No esperes experimentar momentos felices y pacíficos después de entregarte a Cristo, tu Santificador. Aunque esto es lo que se esperaría naturalmente, debemos prepararnos. El diablo vendrá e intentará sacudir tu confianza mediante alguna prueba o tentación. Ponte en Jesús y gózate pues Él te considera digno de recibir tales pruebas. Si fallas, no digas que no tiene caso volver a intentar. El principio es correcto. Tal vez trataste de hacer el trabajo tú mismo y por eso fracasaste. Detente, ponlo todo a Sus pies, comienza de nuevo y aprende, de tu propio fracaso, a permanecer en Él. Después de su derrota en Ai, Israel se volvió más fuerte para el próximo conflicto. Trata de vivir el secreto que has aprendido. Aprender a escribir en una computadora se puede lograr en unas pocas horas. Uno aprende los principios de ubicar las manos, dónde están ciertas teclas, y entonces comienza. Sin embargo, convertirse en un experto en teclear toma meses de práctica paciente. En el momento en que nos consagramos a Jesucristo, aprendemos el secreto que Él debe ser todo en todo para nosotros. Pero cuando tratamos de practicar esta verdad, encontramos que toma tiempo y paciencia aprenderla a fondo. Debemos aprender a apoyarnos en Él. Debemos aprender, poco a poco, cómo llevarlo por cada necesidad.

El principio es perfecto. Se volverá absolutamente infalible en la práctica. Recuerda, el secreto es: "Separados de Mí nada podéis hacer" (Juan 15:5); "Todo lo puedo en *Cristo* que me fortalece" (Filipenses 4:13).

CAPÍTULO 3

Cristo nuestro Sanador

"Él tomó nuestras flaquezas y llevó nuestras enfermedades".
-Mateo 8:17

"Jesucristo es el mismo ayer, y hoy, y por los siglos".
-Hebreos 13:8

Nuestro Dios es un Dios sanador. Pausa y deja que esa última oración entre en toda tu alma. Reflexiona en ella por un momento. Necesitamos sanación. Nuestro mundo es un lugar roto y herido. Cristo ha prometido que, un día, el dolor, la tristeza y la muerte ya no serán más (Apocalipsis 21:4). Pero estas cosas son realidades cotidianas en nuestro mundo hasta ese día. Sin embargo, Jesús no nos ha dejado con solo una promesa futura de esperanza. No; Jesús nos ha dado acceso a la sanación aquí y ahora. El ministerio de sanación de Cristo es un regalo a nuestro mundo herido.

Al buscar entender mejor a Cristo nuestro Sanador, debemos reconocer que dondequiera que se encuentre el bien, pronto aparecerá una falsificación de ello. Cualquier cosa de valor es imitada, y el enemigo de la iglesia, ese gran falsificador, ha estado trabajando en buscar confundir nuestra comprensión de lo que es la sanación. Así que, debemos proteger esta preciosa verdad contra todas las formas de error.

Aprender sobre la sanación al saber lo que no es

La sanación divina no es sanación por medios médicos normales. Es algo más. La sanación divina no viene a través de medicamentos o por manos médicas. Tampoco es la bendición especial de Dios puesta en médicos o medicamentos. Más bien, es el poder directo de la mano todopoderosa de Dios mismo. El texto anterior nos dice claramente que "*Él* llevó nuestras enfermedades". Jesús puede llevar nuestras enfermedades sin la ayuda de la medicina moderna o de médicos bien entrenados. Ahora, no hay nada malo en el uso de médicos y medicamentos. Hay algo de poder en los intentos del hombre de detener la marea de sufrimiento y enfermedad que impregna nuestro mundo. Y, por supuesto, estos medios deben ser perseguidos hasta que se presente una mejor solución. Ciertamente la naturaleza y la ciencia son parte de la creación y el regalo de Dios a la humanidad y, por lo tanto, deben ser vistas como una bendición libre de sospechas. Sin embargo, también estamos invitados a ver que nuestro Dios es un Dios sanador, que en Cristo Jesús hay algo más alto y más fuerte que lo natural. Debemos ver que la Palabra de Dios presenta claramente la sanación de nuestras flaquezas y enfermedades con la misma seguridad como presenta el perdón del pecado.

La sanación divina tampoco es autocuidado divino. Nuestro mundo está desesperado por la sanación. Cuando la medicina natural no funciona, nuestro mundo a menudo es rápido en buscar la sanación interna por una variedad de medios, pero ninguno de ellos se equipara a la sanación divina.

Algunos buscan una forma de sanación metafísica. Este tipo de sanación pone el conocimiento e intelecto, o la mente del hombre, en el lugar de Dios. Es la creencia de que se puede tener sanación si simplemente desbloqueamos o despertamos varias partes de nuestra mente o cuerpo. Otros acuden a la práctica del autocuidado. Hay mucho bien en el autocuidado. Hablar con un consejero puede ser de gran beneficio, especialmente un consejero cristiano que lleve consejo sabio y piadoso a la vida del creyente. Sin embargo, estas formas de sanación no son sanación divina. Volvemos una vez más a esa frase simple, pero poderosa, "*Él* llevó nuestras enfermedades".

La sanación divina no es obra espiritual que se produce fuera de Cristo. No es yoga, tai chi o meditación lo que trae sanación divina. El cristiano debe ser muy cuidadoso aquí para discernir el trabajo espiritual que ocurre en algunas situaciones, especialmente si tal obra no es sanación divina. Debemos considerar la verdad de que Satanás tiene cierto poder sobre el cuerpo humano. Debe tenerlo si es capaz de poseerlo con, entre otras cosas, enfermedad. Si Satanás tiene el poder de infligir mala salud en el cuerpo, ¿por qué no debería tener poder de traer sanación de alguna manera limitada? Satanás tuvo el poder de someter a una mujer durante dieciocho años en el tiempo de Cristo; ciertamente tenía el poder de liberarla con la misma rapidez (Lucas 13:10–13).

Si la enfermedad fue obra del enemigo, entonces es lo mismo hoy. Si puede aprovechar mejor a algunas personas si están fuertes y sanas, lo hará. A otros los puede usar mejor en la debilidad y el dolor. En todas las generaciones hay prácticas espirituales que se adoptan para pedir la ayuda de poderes malignos para traer sanación o, por lo menos, apaciguarlos para traer alivio. Y no puede haber duda de que grandes cantidades de fenómenos espirituales son reales.

Ellos dan evidencia positiva de la realidad de los espíritus malignos, y son pruebas de la terrible advertencia de Dios: que en los últimos días, los espíritus de demonios estarían en la Tierra haciendo milagros, de manera que, si fuere posible, engañen a los mismos elegidos. Sin embargo, los verdaderos hijos de Dios nunca serán engañados por tales medios. Debemos evitar la seductora trampa de sanación a toda costa. Nuestra verdadera sanación se encuentra solo en Dios y nuestra sanación divina en Jesucristo, Su Hijo.

La sanación divina no es sanación a través de la oración. A primera vista, esto le puede parecer raro al cristiano que es invitado a orar por sanación (Santiago 5:14–16). Hoy en día hay una concepción errónea muy común en nuestro mundo que si se da suficiente oración, entonces vendrá sanación. Pero esto simplemente no es cierto. La sanación no es una cuestión de cantidad de oración. No hay poder en la oración a menos que sea la oración de Dios mismo. A menos que estés en contacto con Cristo, el Sanador vivo, no hay sanación. La sanación de Cristo es por Su propio toque divino. No es la oración la que sana; es Cristo el que sana.

La sanación divina no es sanación que viene a través de la fe. Una vez más, volvemos a las palabras simples de la Escritura: "*Él* llevó nuestras enfermedades". La fe es una cosa maravillosa y necesaria para el cristiano. Sin embargo, cultivar una mayor cantidad de fe no es la manera en la que procuramos la sanación divina. La fe no sana; Cristo sana. Cuanto menos permanezcamos en las oraciones, la fe, o cualquiera de los medios por los que viene la sanación, más probabilidades tendremos de recibirla.

La sanación divina se obtiene solo en la Palabra de Dios.

La sanación divina no es la vida eterna. Más bien, la sanación divina nos trae la plenitud de la vida hasta que se hace la obra de vida a la que Dios nos ha llamado. Dios le ha dado órdenes de marcha a cada cristiano. Debemos traer el evangelio al mundo (Mateo 28:19–20). Sin embargo, cada creyente también tiene órdenes específicas dadas por Dios (Efesios 2:10). La sanación divina es una de las maneras en las que cumplimos todos los propósitos que Dios ha querido para nosotros. Sin embargo, cuando nuestra obra en la Tierra esté hecha, nuestros cuerpos terrenales desaparecerán y recibiremos nuestra vida completa de resurrección en la venida de Cristo.

Por último, la sanación divina no es una profesión aprendida por algunos de la manera en que aprenderían otra habilidad o profesión y harían una carrera de ello. Si encuentras que alguien sostiene la promesa de sanación por una cuota, o alguna otra forma de remuneración, puedes saber que no es de Dios. Todos los dones de Dios son gratuitos. La salvación, la santificación y la sanación nunca se pueden canjear o comprar.

Comprender la sanación divina

La sanación divina es el poder sobrenatural de Dios que se infunde en cuerpos humanos, renueva sus fuerzas y reemplaza la debilidad del sufrimiento con la vida y el poder de Dios. Es el toque de Dios y nada menos que eso. Es el mismo poder que levantó a la hija de Jairo de los muertos (Mateo 9:18–26). Es el mismo poder que te trajo la salvación. Pausa aquí por un momento. ¿Qué es más fácil para Dios hacer: resucitar a los muertos a la vida o redimir una sola alma? Se requiere más poder para regenerar un alma perdida que para resucitar a los muertos. Dios podría abrir la tumba y sacar las formas de aquellos que han estado allí durante años con menos gasto de poder que lo que le cuesta redimir una sola alma y mantener a Su pueblo firme hasta el fin. ¿Por qué debería parecernos extraño o excepcional que Dios exhiba tal poder sanador hoy?

La sanación divina se obtiene solo en la Palabra de Dios. No es algo que se cimienta en el razonamiento de teólogos o incluso en el testimonio de aquellos que han sido sanados. Aunque tales fuentes de información son buenas, no son las que miramos cuando tratamos de validar nuestra comprensión de la sanación divina. Todo el testimonio que se podría reunir de todo el universo no establecería la verdad de la sanación divina si no se encontrara en las Escrituras. Esta verdad descansa en la Palabra eterna de Dios, y por lo tanto podemos tener una gran confianza en ella.

La sanación divina siempre se inclina en profunda sumisión a la voluntad de Dios. Un cristiano que esté buscando sanación divina esperará hasta conocer la voluntad de Dios. Y habiendo aprendido eso, la reclamará sin vacilar. Si alguien que sufre está convencido de que la obra que Dios le dio para hacer está terminada, y que ahora es llamado de vuelta a su hogar, entonces debe rendirse a la voluntad de Dios y sentirse libre de volver a casa para estar con el Señor. De hecho, si estás leyendo este libro ahora y tienes tal convicción, no trataría de convencerte de lo contrario si has sido guiado por Dios. Ve en la paz completa de Dios. Sin embargo, si crees que tu obra no está terminada, si no has recibido una palabra clara de Dios de que esto es así, si sientes en tu corazón un deseo de vivir para terminar la obra que Cristo te ha dado, entonces busca en Jesús la sanación divina. Jesús dijo de la mujer con el espíritu de atadura: "¿No se le debía desatar de esta ligadura?" (Lucas 13:16). Este mismo Jesús te dice hoy, en medio de tu debilidad: "¿No deberías ser desatado de tu ligadura y ser sanado?" Tal verdad debería ser suficiente para que continuemos.

Sin embargo, puedes encontrar que tu enfermedad ha sido permitida como una disciplina de Dios. Puede que estés reteniendo parte del testimonio o servicio completo al que Cristo te ha llamado. La verdad es, entonces, que no puedes ser sanado hasta que tal realidad sea corregida. Si la sanación divina se inclina a la voluntad de Dios, pero tú no lo haces, ¿por qué esperas que venga la sanación? Si estás equivocado de alguna manera o tienes maldad en tu corazón, la restauración será retenida hasta que tú mismo te sometas a Dios. ¿Estás llamado a algún servicio y te estás conteniendo? No habrá sanación para el cuerpo hasta que hayas cedido en este punto. Hay cientos de significados en las enfermedades que son permitidas sobre los queridos hijos de Dios, y Él te mostrará lo que Su voz es para ti.

Con un oído suave, escucha las palabras de Eliú mientras habló con Job 33:14–26:

Sin embargo, en una o en dos maneras habla Dios; pero el hombre no entiende. Por sueño, en visión nocturna, cuando el sueño cae sobre los hombres, cuando se adormecen sobre el lecho, entonces revela al oído de los hombres, y les señala su consejo, para quitar al hombre de su obra, y apartar del varón la soberbia. Detendrá su alma del sepulcro, y su vida de que perezca a espada. También sobre su cama es castigado con dolor fuerte en todos sus huesos, que le hace que su vida aborrezca el pan, y su alma la comida suave. Su carne desfallece, de manera que no se ve, y sus huesos, que antes no se veían, aparecen. Su alma se acerca al sepulcro, y su vida a los que causan la muerte. Si tuviese cerca de él algún elocuente mediador muy escogido, que anuncie al hombre su deber; que le diga que Dios tuvo de él misericordia, que lo libró de descender al sepulcro,

que halló redención; su carne será más tierna que
la del niño, volverá a los días de su juventud. Orará
a Dios, y este le amará, y verá su faz con júbilo; y
restaurará al hombre su justicia.

¿No es esto, amigos míos, el significado de tantas de
las reprensiones de Dios? Hay mucho que Él nos dice a
través de Sus tratos con nuestros cuerpos, y debemos
entender el significado completo de lo que Él dice a
nuestras almas antes de que la sanación divina pueda ser
recibida y guardada después de haber sido recibida. La
sanación divina *siempre* se somete a la voluntad de Dios,
por lo que debemos, en todo momento, estar sometidos
a la voluntad de Dios. La sanación divina no se recibe
simplemente porque, por nuestro sufrimiento, cumplimos
momentáneamente con la voluntad de Dios en nuestras
vidas y lo engañamos para que nos dé alivio. La sanación
divina requiere de andar muy cerca de Dios. Cuando el
alma camina en armonía y obediencia a Dios, la vida de lo
Divino puede fluir completamente en el cuerpo. Cuando
nos sometemos a la voluntad de Dios, tenemos acceso a la
sanación divina.

"Dios redimirá mi alma para que no pase al sepulcro, y
mi vida se verá en luz". -Job 33:28

La sanación divina es parte de la obra redentora
de Jesucristo. Es una de las cosas que Él vino a traer. Su
piedra angular es la cruz del Calvario. Las Escrituras no
son silenciosas en este punto: "Él... rescata del hoyo tu vida"
(Salmo 103:4); "Te libra de descender al sepulcro" (Job
33:24). Tal sanación solo puede venir de Jesús: "Y por su
llaga fuimos nosotros curados" (Isaías 53:5). Esta es la obra
redentora de Cristo. Tienes derecho a ella, amado, porque

Su cuerpo llevó toda la responsabilidad de tu cuerpo en la cruz. Tómala y ámalo más porque vino por Su llaga. Me encanta pensar en esa palabra en singular: llaga. Ese es el significado griego. Su cuerpo estaba tan golpeado que era todo una sola llaga. No había una pulgada de Su carne que no hubiera sido lacerada por nosotros. Así, Cristo ha sufrido para redimir cada fibra de tu cuerpo.

Ese mismo cuerpo que Jesús dejó que Tomás tocara, para probar que Él estaba realmente vivo y presente con él, es el mismo cuerpo que Jesús tiene hoy. Este es nuestro Cristo, un Cristo vivo y físico.

La sanación divina viene a nosotros a través de la vida de Jesucristo, quien resucitó de entre los muertos en Su propio cuerpo. Él subió a los cielos con Su cuerpo viviente (Hechos 1). Nuestro Jesús es un Jesús vivo. Tiene un cuerpo de carne y hueso. Ese mismo cuerpo que Jesús dejó que Tomás tocara, para probar que Él estaba realmente vivo y presente con él, es el mismo cuerpo que Jesús tiene hoy. Este es nuestro Cristo, un Cristo vivo y físico. Él puede y quiere compartir Su vida física contigo insuflándote con Su fuerza. Somos sanados por la vida de Cristo en nuestro cuerpo (1 Pedro 2:24). Esta es nuestra bendita promesa y esperanza (Colosenses 1:27). Y tal promesa trae consigo una cercanía con Cristo en nuestras vidas para que podamos sentirlo a nuestro lado en todo momento. Jesús no es un Salvador lejano, sino una ayuda siempre presente en tiempos de necesidad (Salmo 46:1).

La sanación divina es la obra del Espíritu Santo al revivir el cuerpo. Cuando Jesús sanó a los enfermos, mientras estaba en la Tierra, no fue por la deidad que habitaba en

Su humanidad. Él dijo: "Pero si yo por el Espíritu de Dios echo fuera los demonios, ciertamente ha llegado a vosotros el reino de Dios" (Mateo 12:28). Jesús sanaba por medio del Espíritu Santo: "El Espíritu del Señor está sobre mí, por cuanto me ha ungido para dar buenas nuevas a los pobres; Me ha enviado a sanar a los quebrantados de corazón; a pregonar libertad a los cautivos, y vista a los ciegos; a poner en libertad a los oprimidos; a predicar el año agradable del Señor" (Lucas 4:18–19). Un gran poder se despliega en nuestro mundo a través de la obra del Espíritu Santo. No debe sorprendernos que el Espíritu Santo esté obrando con poder en nuestro tiempo, pues Jesús nos lo envió específicamente. Vivimos en los días del Espíritu (Hechos 2:17).

La sanación divina es un don de gracia. Ay, cristiano, ¿por qué batallamos tanto con la gracia? La gracia nos trae salvación, la gracia nos trae santificación y por ello también sanación. La sanación no se puede comprar ni alcanzar por medio de las obras. Dios no necesita ayuda para sanar. Es un don y debemos tomarlo como tal.

Nos viene por la fe. No es la fe lo que sana. Esto ya lo hemos afirmado. Dios es Aquel que sana, pero la fe recibe esa sanación. Debemos creer que Dios nos está sanando antes de recibir cualquier evidencia. También es preciso actuar con base en la sanación divina. Debemos actuar como si fuera cierta; eso es la fe. La fe que espera evidencias no es fe en absoluto. Dios quiere que nos apoyemos en Él, que confiemos en Él, que nos regocijemos y lo alabemos por aquello que ha dado sin que tengamos dudas ni temor.

La sanación divina está en línea con todos los hechos de la historia de la iglesia. Ha habido muchos ejemplos de sanación divina desde el tiempo de Ireneo hasta el presente. La iglesia creyó en esta verdad y la enseñó en toda la Edad Media. Los valdenses la tuvieron como un artículo de su fe. Los tiempos de los primeros reformadores están llenos de ello. Las vidas de Lutero, Baxter, Fox, Whitfield y John Wesley dan un testimonio claro y convincente de que ellos creían en esta verdad. Los ejemplos también son numerosos en tiempos posteriores. Alemania, Suiza, Suecia, Noruega, Inglaterra y sus colonias, así como los campos de misioneros del mundo entero, albergan a muchos testigos del poder sanador de Jesús. Nuestra propia Tierra, e incluso nuestra propia confesión, están llenas de historias de sanación divina. Hombres y mujeres que han estado al frente de la obra cristiana. Entre ellos hay todo tipo de personalidades, inteligencias, temperamentos y disposiciones. Entre ellos hay tanto niños como ancianos. Algunos han tenido intelectos majestuosos, pero han sido transformados en simples niños. Puede encontrarse un gran número de historias de este tipo en las pequeñas y grandes iglesias de Dios que trabajan para traer Su sanación divina. Sin importar la aflicción, Jesús los ha sanado a todos.

Al concluir esta sección, debemos terminar con la verdad de que la sanación divina es una de las señales del tiempo. Es lo que precede a la venida de Cristo. Es la respuesta de Dios ante el caos y la fragmentación del mundo en que vivimos. En estos últimos días, Dios ha hablado a través de su hijo (Hebreos 1:2), y el Hijo está diciendo ¡"Sanados sean" (Mateo 8:7; Lucas 5:13)!

¿De qué manera es Jesús nuestro Sanador?

Jesús es nuestro sanador porque Él compró nuestra sanación con sus heridas. Es parte de la redención que Él compró en el Calvario: "Ciertamente llevó él nuestras enfermedades, y sufrió nuestros dolores" (Isaías 53:4).

Jesús es nuestro Sanador porque es a través de Su vida resucitada en nosotros que somos sanados. Nuestra sanación no solo viene *de* Jesús, sino que también está *en* Jesús (Juan 10:10; Juan 14:18–20). La sanación divina es el resultado de nuestra permanencia en Jesús, ya que solo podemos permanecer si nos sometemos a la voluntad de Dios.

Jesús es nuestro Sanador porque es Él quien nos da el poder de creer (Juan 1:12). La sanación divina no es el resultado de nuestra propia penitencia ni de nuestras obras. Jesús desciende sobre nuestra impotencia y se convierte en nuestra confianza y en nuestra sanación. Él no espera a que nosotros mismos nos liberemos del hoyo en el que hemos caído. No, este no es nuestro Jesús. Más bien, Jesús tiende una mano hacia nosotros, nos saca del hoyo, nos alimenta, nos ayuda a descansar y recuperarnos, y nos impulsa a seguir nuestro camino. Esto es lo que Jesucristo hace por nosotros.

Cómo solicitar la sanación divina de forma práctica

- Obedece a la voluntad de Dios. Recuerda que la sanación divina siempre está supeditada a la voluntad de Dios, por lo que nosotros también debemos estarlo. Si estás luchando con alguna enfermedad, depresión, ansiedad, cáncer o cualquier otro tipo de afección, tu primer paso es sentarte con el Señor. Pídele a Dios que te haga saber claramente cuál es Su voluntad para tu vida. No tengas miedo de esperar. Cuando Él hable, actúa según Su palabra. Primero debes tratar de entender si la sanación divina es parte del plan de Dios para tu vida en este momento. Si escuchas de Dios que tu tiempo en la Tierra está llegando a su cierre, no tengas miedo, más bien alégrate. Pon tu casa en orden y vive tus días con esperanza, al saber que tu recompensa eterna ya está cerca. Por otro lado, quizá descubras que el trabajo que Dios te tiene asignado aquí en la Tierra aún no está terminado. Una vez que hayas logrado discernir esto, debes dedicar tiempo a la reflexión.

¿Es esta enfermedad parte de la voluntad de Dios para ti en este momento? Si es así, ¿qué es lo que Dios elige hacer a través de tu debilidad? ¿Es necesario el arrepentimiento? Tal vez tengas algún pecado que confesar o alguna relación rota que enmendar. Tal vez hayas estado resistiéndote al llamado de Dios en tu vida o incluso malinterpretado aquello que Él te pidió que hicieras. Una vez más, pasa tiempo esperando a que el Señor hable. Debes saber que Dios te responderá cuando lo busques con sinceridad. Como suele suceder, deberás escuchar y responder, y luego escuchar y responder de nuevo. Según lo alejados que estemos de la voluntad de Dios en nuestras vidas, es posible que debamos arrepentirnos, restaurarnos y repetir esto varias veces antes de que nos encontremos plenamente alineados con la voluntad de Dios para nosotros.

- Pide específicamente la sanación de Dios. Una vez que hayas hecho tu mejor esfuerzo por someterte a la voluntad de Dios, pide la sanación de Dios en tu vida. No tengas miedo de ser muy específico sobre lo que te impide llevar a cabo Su obra. Simplemente habla con Dios sobre lo que debe cambiar y sobre la sanación que necesitas, ya sea que tu sanación sea física, mental, emocional o de otro tipo.

- Actúa con fe. Finalmente, debes levantarte de tu oración y actuar con fe. Si has pedido que Dios te sane y esto es parte de Su voluntad para ti, entonces serás sanado. No esperes a que emerja la evidencia de la sanación para regocijarte en el Señor y alabarlo. Actúa sobre la promesa de que Jesús es tu Sanador. Experimentarás la sanación de Dios ya sea de manera inmediata o por etapas.

- Repite este proceso según sea necesario. Comprender la voluntad de Dios para nuestras vidas requiere práctica. Escuchamos a Dios, Él habla y vivimos nuestras vidas. Sin embargo, hay momentos en que la voluntad de Dios resulta misteriosa o difícil de entender, y entonces luchamos por vivir según la voluntad que Él tiene para nosotros. Este puede ser el caso cuando se trata de sanación. El apóstol Pablo pasó por este proceso tres veces antes de concluir que la voluntad de Dios no incluía su sanación terrenal. ¿Acaso Jesucristo no era lo suficientemente fuerte como para sanar a Pablo? Por supuesto que lo era. Pero Dios eligió trabajar a través de la debilidad de Pablo, no eliminarla. La sanación divina siempre está supeditada a la voluntad de Dios, y nosotros también debemos estarlo. Si no estás experimentando la sanación que pediste y pensaste que era parte de la voluntad de Dios para ti, entonces pasa más tiempo con Dios escuchando y procurando discernir Su voluntad. Cuando llegue el momento, Dios te hará saber claramente cuál es Su voluntad para ti.

CAPÍTULO 4

Cristo, nuestro Señor venidero

"Le daré la estrella de la mañana". -Apocalipsis 2:28

El regreso de Jesucristo es un rasgo distintivo e importante del mensaje del evangelio. Al describir el evangelio, el apóstol Pablo hizo un esfuerzo especial para contarles a los corintios acerca de la resurrección y la Segunda Venida de Jesús (1 Corintios 15). Ciertamente, el regreso de Jesús es realmente una buena noticia para todos los que le aman y se lamentan por las penas y pecados de nuestro mundo arruinado.

El regreso de Cristo es la gloriosa culminación de todas las demás partes del evangelio. Ya hemos hablado del evangelio de la salvación, pero Pedro va más allá. Él dice que nuestra salvación está "preparada para ser manifestada en el tiempo postrero" (1 Pedro 1:5). Hemos hablado de la santificación, pero Juan va más allá. Él dice: "cuando él se manifieste, seremos semejantes a él, porque le veremos tal como él es" (1 Juan 3:2). Hemos hablado de la sanación divina, pero Pablo va más allá. Él dice: "[Dios] nos ha dado el Espíritu como garantía" (2 Corintios 5:5), y la sanación divina es solo la primicia de esa garantía, que solo se realizará plenamente en la resurrección.

Por lo tanto, la verdad y la esperanza del regreso del Señor se equiparan con toda la verdad y la vida. Es la gran esperanza bendita de la iglesia. Por lo tanto, es bueno que además de un evangelio para el presente, también entendamos y vivamos bajo el poder de un evangelio para el futuro, y este evangelio para el futuro es la esperanza de la venida gloriosa de Cristo.

Cuanto más conocemos a Jesús espiritualmente, más anhelamos Su presencia personal y eterna en el sentido más pleno y glorioso que traerá Su venida.

Aprender sobre la venida de Cristo al entender lo que no es

La venida de Cristo no es simplemente Su entrada en el corazón individual del creyente. Esto de hecho sucede, pero esta no es Su Segunda Venida. La santificación no es nada menos que "Cristo en vosotros, la esperanza de gloria" (Colosenses 1:27). Hoy en día, no es raro que algunas personas digan, en una gran demostración de espiritualidad: "Tenemos a Cristo en nuestros corazones, así que no nos preocupemos por el milenio ni especulemos sobre cuándo Él volverá". Bien, Pablo también tenía al Señor en su corazón, y Juan estaba tan cerca del corazón de su Redentor como cualquiera de nosotros podría llegar a esperar, pero ellos no hablaron en esos términos. Pablo dijo: "Luego nosotros los que vivimos, los que hayamos quedado, seremos arrebatados juntamente con ellos en las nubes para recibir al Señor en el aire, y así estaremos siempre con el Señor" (1 Tesalonicenses 4:17). Él también dijo: "Cuando Cristo, vuestra vida, se manifieste, entonces vosotros también seréis manifestados con él en gloria." (Colosenses 3:4). Juan dijo: "He aquí que viene con las nubes, y todo ojo le verá" (Apocalipsis 1:7). Jesús volverá, amigos míos.

Cuanto más conocemos a Jesús espiritualmente, más anhelamos Su presencia personal y eterna en el sentido más pleno y glorioso que traerá Su venida.

No nos referimos a la venida de Cristo en el momento de la muerte. Es dudoso si Él realmente viene por nosotros a la hora de nuestra muerte. Se nos dice que Lázaro fue llevado por los ángeles hasta el seno de Abraham (Lucas 16), y que Esteban, en su gloriosa partida, vio a Jesús en el cielo a la derecha de Dios, que se levantaba, es verdad, para recibir y honrar a Sus fieles servidores, pero no a venir personalmente por él (Hechos 7). Los contrastes entre la muerte y la venida del Señor son muy marcados. No se nos dice que velemos por la muerte, sino que se nos libra del temor a ella; debemos, en cambio, velar por la venida del Señor. La muerte es un enemigo; la venida de Cristo es una agradable visita de nuestro más entrañable amigo. La muerte es un amargo duelo para el corazón; la venida del Señor es el consuelo mismo de los desposeídos y el antídoto de la muerte. Si la muerte y la venida del Señor fueran idénticos, entonces el apóstol no les habría dicho a los creyentes tesalonicenses:

Tampoco queremos, hermanos, que ignoréis acerca de los que duermen, para que no os entristezcáis como los otros que no tienen esperanza. Porque si creemos que Jesús murió y resucitó, así también traerá Dios con Jesús a los que durmieron en él. Por lo cual os decimos esto en palabra del Señor: que nosotros que vivimos, que habremos quedado hasta la venida del Señor, no precederemos a los que durmieron. Porque el Señor mismo con voz de mando, con voz de arcángel, y con trompeta de Dios, descenderá del cielo; y los muertos en Cristo resucitarán primero. Luego nosotros los que vivimos, los que hayamos quedado, seremos arrebatados juntamente con ellos en las nubes para recibir al Señor en el aire, y así estaremos siempre con el Señor (1 Tesalonicenses 4:13–17).

Aquí Pablo no señala a la muerte, sino a aquello que vencerá a la muerte, y dice de esto por escrito a los corintios: "Entonces se cumplirá la palabra que está escrita: Sorbida es la muerte en victoria" (1 Corintios 15:54). Si la venida del Señor es sorber la muerte en victoria, entonces la muerte y Su venida deben ser cosas diferentes.

Finalmente, tampoco nos referimos a la venida espiritual de Cristo a través de la propagación del evangelio y del progreso del cristianismo en el mundo. En ningún lugar de la Biblia se reconoce esto como la venida personal de Cristo: "He aquí que viene con las nubes, y todo ojo le verá, y los que le traspasaron; y todos los linajes de la Tierra harán lamentación por él" (Apocalipsis 1:7). Ahora bien, no todo el mundo responderá a Su venida de esta manera. Aquellos que hayan recibido el evangelio se alegrarán; pero sin la salvación, Jesús solo puede ser recibido en el juicio. Aquellos que no hayan respondido al mensaje del evangelio de Jesús tratarán de esconderse de la ira del Cordero (Apocalipsis 6:16). La palabra de los ángeles que hablan a los once discípulos también nos prohíbe entender la venida de Cristo de esta manera. Ellos dijeron: "Este mismo Jesús, que ha sido tomado de vosotros al cielo, así vendrá como le habéis visto ir al cielo" (Hechos 1:11). Sí, debemos difundir el evangelio. Debemos ver que se defienda la verdad de Jesús, pero Él vendrá personalmente, y Él es infinitamente más que incluso Su verdad y Su causa.

Cómo entender el milenio

Algunos han afirmado que la doctrina del milenio es una invención moderna y que esta palabra en sí no se encuentra en la Biblia. La palabra *milenio* no es del inglés, sino que es una palabra griega que significa *mil años*. Se usa repetidamente en el capítulo veinte de Apocalipsis para referirse al período durante el cual Cristo reinará con Sus santos en la Tierra después de la primera resurrección. Es un tiempo de victoria, gozo y gloria. Aquí se registran siete hechos notables con respecto a él:

1. Incluirá la resurrección y reunión de todos los santos.
2. Incluirá la recompensa y el reinado de los santos.
3. Satanás será excluido de la Tierra.
4. Jesús estará presente en persona y de manera continua sobre la Tierra.
5. Todos los enemigos de Cristo serán vencidos y habrá un reino de justicia universal.
6. Durará mil años.
7. Le seguirá inmediatamente la rebelión de Satanás y de los pecadores, y el juicio final de los impíos.

Si no hubiera otra referencia en la Biblia a este tiempo de bendición, estos elementos por sí solos serían suficientes para crear un estado y un tiempo de gloria y felicidad exaltados. Es más, esta referencia es suficiente para identificar dicho tiempo como la edad dorada sobre la que escribieron y hablaron profetas anteriores: "Porque la Tierra será llena del conocimiento de la gloria del Señor, como las aguas cubren el mar" (Habacuc 2:14).

¿Cómo se ordenarán estos eventos? Esta es la siguiente pregunta a resolver, y de ella depende la mayoría de los temas de la pregunta: ¿La venida de Cristo precederá o seguirá a este período de mil años?

La venida de Jesús ocurrirá antes de dicho período. La razón más obvia para creer que el regreso de Cristo precede al milenio se encuentra en el mismo pasaje que acabamos de citar, y en el que se describen ambos eventos. No puede haber duda de que aquí la venida del Señor precede e introduce el milenio. Su venida se describe minuciosamente en toda la procesión desde el cielo hasta la Tierra. Luego sigue la conquista y el castigo de Sus enemigos terrenales, el apresamiento de Satanás, la resurrección de los santos, el reinado de los resucitados y los mil años. La única manera en que se intenta poner esto a un lado es al representarlo como un hecho metafórico y espiritual. Pero adoptar este enfoque es evitar la lectura tanto natural como literal de la Biblia. Si la venida de Jesús no es una venida literal, si la resurrección no es literal, si el milenio no es literal, ¡entonces no sabemos qué dice la Biblia con respecto a nada!

El regreso de Cristo es inminente. Aunque Dios sabe el momento exacto en que aparecerá Su Hijo, quiere que su iglesia esté siempre esperándolo, ya sea a la madrugada o a la medianoche.

El siguiente argumento a favor de la venida de Cristo antes del milenio es el uso enfático de la palabra *vigilia* que se asocia a esta. El Nuevo Testamento nos dice a menudo que velemos por el regreso de Cristo (Mateo 24:42; 2 Juan 1:8; Colosenses 4:2). Ahora bien, si el milenio espiritual estuviere planeado para antes de la venida de Cristo, el Señor nos habría dicho que veláramos por eso. ¿Cómo podía la iglesia primitiva estar atenta a Su venida? ¿Y cómo podríamos hacerlo nosotros, sabiendo que esta iba a ser precedida por un periodo obvio de mil años?

La misma palabra *vigilia* implica inminencia, y no hay inminencia si a la venida preceden diez siglos enteros. Por otra parte, algunos podrían objetar lo anterior al señalar que la venida de Cristo no ha ocurrido en más de diez siglos, por lo que no debe ser inminente. Pero esto no es cierto. Un evento que puede ocurrir en cualquier momento, y aún no ha ocurrido, sigue siendo inminente, aunque ya hayan pasado diez siglos o incluso más. No hay nada más que deba ocurrir para que el evento suceda. Es un evento inminente. Existe una diferencia significativa entre un evento inminente y un evento que ocurrirá más adelante en el futuro. El regreso de Cristo es inminente. Aunque Dios sabe el momento exacto en que aparecerá Su Hijo, quiere que su iglesia esté siempre esperándolo, ya sea a la madrugada o a la medianoche. El anuncio de un milenio anterior fijo habría sido fatal para este plan, y la iglesia se habría esforzado en crear su propio milenio sin Él. No caigamos presas de la culpa de construir un reino sin la presencia o aprobación del Rey.

La siguiente prueba de una venida previa al milenio se encuentra en la imagen que Cristo nos da de cómo serían las cosas desde el cierre de la Era Cristiana y hasta el momento mismo de Su venida. Solo echa un vistazo a algunos toques audaces de esa imagen. Algunas semillas cayeron al lado del camino y las aves del aire las devoraron, otras cayeron en lugares pedregosos y perecieron, otras quedaron ahogadas por espinas, y otras cayeron en suelo fértil y dieron fruto. Pero pronto el enemigo sembró la cizaña, y ambas crecen juntas hasta el momento de la cosecha. Externamente, la iglesia crece hasta alcanzar una fuerza exuberante, como la planta de mostaza, pero internamente está llena de levaduras. Lo verdadero y lo puro son como el tesoro oculto y la perla, muy difíciles de encontrar. La red atrapa todo indiscriminadamente, y solo los ángeles pueden separar el mal al final.

La verdad práctica es que, cuando llegue Cristo, la iglesia estará llena tanto de redimidos como de personas falsas. Externamente, la iglesia se hace cada vez más grande a medida que se proclama el evangelio y los perdidos son encontrados. Sin embargo, también se llena de aquellos que están más interesados en lo que pueden ganar aquí en la Tierra que en lo que pueden obtener en el cielo. Por eso, la iglesia a la que regrese Cristo estará llena de fieles y de falsos (Mateo 13).

A medida que pasa el tiempo, surge la imagen, no de un milenio, sino de una "apostasía" (2 Tesalonicenses 2:3). La iglesia tendrá miembros, pero su piedad será solo aparente (2 Timoteo 3:5–7). El amor de muchos se enfriará mientras que su maldad se hace cada vez más potente (Mateo 24:12). Cuando Jesús regrese, no encontrará un mundo santo y feliz esperando a darle la bienvenida como su Rey. Más bien, cuando Él regrese, será una "como un lazo que vendrá sobre todos los que habitan sobre la faz de toda la Tierra" (Lucas 21:35). Esta es la imagen que da Dios del futuro de la Tierra hasta la venida de Cristo. No se parece mucho a lo que sería un pre-milenio.

No, y la historia de los últimos veinte siglos tampoco parece llevarnos hacia un milenio espiritual. Nuestro mundo celebra los mismos vicios que la Biblia condena. Quienes acuden a la iglesia conocen poco de la Biblia que dicen leer. La tolerancia es el dios de esta era, y el extremismo está en aumento. Si esto es lo mejor que Dios tiene para nosotros, entonces las profecías son una exageración y la Biblia un sueño poético. Gracias a Dios que Él vendrá y que Su Reino irá más allá de nuestras mejores esperanzas y de Su más radiante imagen.

Consideración de dos objeciones a la venida premilenaria

Consideremos y tratemos de entender algunas de las objeciones a esta doctrina.

Algunos sostienen que la doctrina del milenio deshonra la obra del Espíritu Santo, como si Él fuera incompetente para ejercer Su gobierno y hubiera fracasado en Su gran misión de convertir al mundo, por lo que sería preciso proporcionar otros medios. En respuesta, basta decir que el Espíritu Santo no se ha propuesto convertir al mundo, sino sacar del mundo a la iglesia de Cristo y preparar a un pueblo para Su nombre; y una vez que esto esté hecho y todos los que acepten a Jesús como Salvador hayan sido llamados, convertidos y plenamente capacitados, habrá llegado el momento de la próxima etapa. Entonces Jesús vendrá a reinar y devolverá a Su antiguo pueblo sus privilegios y oportunidades. La obra del Espíritu Santo no cesará entonces, porque Él permanecerá con nosotros para siempre.

Algunos objetan esta idea al decir que tal doctrina desalienta las misiones cristianas. Por el contrario, abre una perspectiva de una gloria mucho mayor para la iglesia al momento de la aparición de su Señor, y la desafía a salir, ardiente de deseo de apresurar el regreso de Cristo, de preparar al mundo para Su aparición; porque, como incentivo para esta obra, Él mismo le ha dicho a la iglesia que cuando el mensaje de salvación haya sido proclamado a todo el mundo, entonces llegará el fin (Mateo 24:14). Enviamos misioneros precisamente porque el Señor volverá pronto. Su tarea no es convertir al mundo entero, sino evangelizar a las naciones y dar a cada persona la oportunidad de ser salvada si lo desea. La venida de Cristo no detendrá el trabajo de las misiones. Traerá el sistema más glorioso y completo de evangelización que la Tierra haya visto jamás. Y bajo su amorosa influencia, muchos que no creen serán traídos a Jesús; todas las naciones serán bendecidas en Él, y todos los pueblos lo llamarán bendito. Los amigos más ardientes de la humanidad perdida deben ser quienes más añoren el Reino milenario, ya que este es la mayor esperanza del mundo.

Las señales del regreso de Cristo

La Biblia dice claramente que no sabremos el momento exacto del regreso de Cristo (Hechos 1:7). Sin embargo, queda igualmente claro que tampoco debemos sorprendernos por Su venida (1 Tesalonicenses 5:4). Las Escrituras revelan un orden bien definido.

Él vendrá primero por los Suyos, que lo esperan, y ellos, junto con los santos muertos, serán arrebatados para encontrarse con Cristo en el aire (1 Tesalonicenses 4:16–17). El mundo malvado quedará atrás. Una iglesia formal y una multitud de naciones seguirán viviendo y apenas extrañarán al pequeño rebaño recién arrebatado. Luego empezará una serie de juicios y advertencias que terminarán al fin con el descenso de Cristo en poder y gloria, con la revelación de Su recto juicio contra Sus enemigos declarados y con el comienzo de Su reino personal (1 Corintios 15:23–28). De modo que Jesucristo aparecerá dos veces, primero ante los Suyos y después ante el resto del mundo; la primera vez como Novio y la segunda como Rey y Juez. Por lo tanto, las señales de la una no aplican a la otra. La primera de estas apariciones no está tan claramente definida como la otra. Es más inminente e incierta, y podría llegar en cualquier momento. Muchas de las señales más importantes de la venida del Señor ya se han cumplido.

Las bendiciones de Su regreso

La bendición principal del regreso de Cristo es Jesús mismo. Hagamos una pausa para considerar la verdad de que estaremos con Jesús cara a cara, lo que va más allá de cualquier otra bendición prometida. Su regreso también nos devolverá a nuestros amigos y seres queridos que hayan muerto con fe; no solo a los que conocemos, sino también a todos los del pasado que nunca hemos conocido. El regreso de Jesús dará comienzo a la primera reunión de la santa y universal iglesia de Jesús, ¡y vaya celebración que será esa, cuando los santos de todas las edades se reúnan para adorar a su Salvador!

Vestiremos Su imagen perfecta; conoceremos tal y como somos conocidos; seremos tan santos como lo es Él; tendremos Su fuerza, belleza y amor perfectos.

El regreso de Cristo también perfeccionará nuestros espíritus. Seremos completamente restaurados a Su imagen. Estaremos libres de culpa y defecto. Estaremos por encima de la tentación y jamás podremos volver a caer en el pecado. Vestiremos Su imagen perfecta; conoceremos tal y como somos conocidos; seremos tan santos como lo es Él; tendremos Su fuerza, belleza y amor perfectos. El universo nos contemplará, y junto a la gloria del Cordero estará la belleza de la Novia.

Cuando Cristo regrese, tendremos cuerpos perfectos. Tendremos Su vida perfecta de resurrección. El dolor y el cansancio desaparecerán como una niebla matinal en el verano, y nunca más volveremos a verlos. Estaremos llenos de vida inmortal. Nuestros cuerpos serán los instrumentos perfectos de nuestros espíritus exaltados y el reflejo exacto de Su glorioso cuerpo.

El regreso de Cristo nos traerá nuestro más alto servicio. Ya no nos quedaremos sentados preguntándonos qué hacer con nuestras vidas. Más bien, estaremos involucrados en la administración del Reino de Cristo. Nuestro trabajo, que podremos realizar con energía ilimitada, será servir a Jesús, bendecir a los demás, y elevar a la Tierra y a la humanidad a la felicidad y a la justicia de un paraíso restaurado.

El regreso de Cristo desterrará a Satanás. Atará y encadenará al demonio y enemigo cuyo odio y poder han mantenido al mundo en la oscuridad y la miseria por las edades. ¡Ay, qué será estar libres de su presencia aunque sea por un día! Solo imagínalo, ¡sentir que ya no tenemos que cuidarnos constantemente del diablo y sus ataques!

El regreso de Cristo traerá tales bendiciones al mundo. Detendrá la terrible tragedia del pecado y del sufrimiento, enfundará la espada, liberará al cautivo y al esclavo, cerrará la prisión y el hospital, atará al diablo y a su aliada: la muerte, embellecerá y glorificará la faz de la Tierra, evangelizará y convertirá a las naciones moribundas, y arrojará luz y alegría sobre esta oscura escena de infortunio y maldad que llamamos hoy nuestro mundo.

> Ya no habrá más llanto,
> Ya no habrá más dolor.
> Ya no habrá más muerte,
> ya no habrá más mancha.
> Los corazones una vez separados por la muerte
> se reunirán en amor eterno.
> Las vidas sacrificadas en el altar
> se elevarán hacia sus coronas.
> Satanás nunca nos tentará,
> el pecado ya no volverá a vencer,
> la dicha permanecerá para siempre,
> la tristeza y el dolor habrán terminado.
> Jesús será nuestra gloria,
> Jesús nuestro cielo será.
> Jesús será nuestra historia,

Jesús, que murió por mí.
Date prisa, dulce mañana de alegría;
date prisa, querido Señor, te rogamos.
Termina esta noche de tristeza;
trae pronto el día celestial.
Jesús seguramente vendrá;
Jesús vendrá pronto.
Ah, caminemos en total pureza;
Ah, mantengamos nuestras coronas.
Jesús, estamos velando,
anhelando Tu llegada.
Entonces nuestra noche de llanto terminará:
entonces llegaremos a nuestro hogar
(Himno, *No más tristeza* (No More Sorrow) por A.B.
Simpson).

Preparación para Su regreso

Debemos estar listos: "porque han llegado las bodas del Cordero, y su esposa se ha preparado. Y a ella se le ha concedido que se vista de lino fino, limpio y resplandeciente" (Apocalipsis 19:7–8). ¡Gracias a Dios que hemos recibido tales túnicas! Si hay que vestir a la Novia, es que la boda se acerca. Así que debemos estar listos para cuando llegue el Novio.

Debemos estar atentos: "He aquí, yo vengo como ladrón. Bienaventurado el que vela, y guarda sus ropas, para que no ande desnudo, y vean su vergüenza". (Apocalipsis 16:15). No podemos quitarnos las túnicas de boda ni por un momento. Estamos en los últimos días. Debemos mantener un ojo siempre puesto en el cielo. Debemos luchar contra el constante ruido de la distracción que nos pone enfrente el enemigo de la fe, para así poder estar atentos al regreso del Señor.

Debemos ser fieles. Cuando Cristo regrese, Él recompensará a los fieles. Así que "Mirad por vosotros mismos, para que no perdáis el fruto de vuestro trabajo, sino que recibáis galardón completo" (2 Juan 1:8). Debemos "retener lo que tenemos, para que ninguno tome nuestra corona" (Apocalipsis 3:11). Amigos, recuerden que su fidelidad les costará algo. Puede que les cueste sus amigos o familia. Puede que les cueste sus carreras o sus comodidades. Puede significar que no obtengan cierto ascenso o que no les inviten a ciertas fiestas. A algunos podría incluso costarles la vida. Pero su fidelidad les traerá la corona de la vida. Ningún precio es demasiado alto en comparación con una recompensa tan grande. Debemos permanecer fieles.

Debemos ser diligentes. Hay mucho que podemos hacer para "acelerar la venida del día de Dios" (2 Pedro 3:12). Debemos advertir al mundo de Su venida para que el mundo se arrepienta. La iglesia debe encontrarse lista y recordar constantemente el permanecer fiel. Debemos darle a Jesús toda nuestra concentración, todo nuestro esfuerzo, toda nuestra energía, todo nuestro tiempo y todo nuestro tesoro. Debemos trabajar para enviar el evangelio a aquellos que no lo han oído. Algunos de nosotros debemos ir; todos nosotros debemos enviar. ¡Debemos prepararnos para la venida del Señor!

CAPÍTULO 5
Caminar con Dios

"El que dice que permanece en él, debe andar como él anduvo".
-1 Juan 2:6

Hasta ahora, hemos pasado un buen rato comprendiendo la rica y multifacética belleza de Jesús y Su evangelio. Hemos visto que Jesús es nuestro Salvador, Santificador, Sanador y Rey venidero. Ahora debemos centrar nuestra atención en la cuestión práctica de la vida cristiana. Llegar a conocer a Jesús y a Su evangelio se refleja en que asumimos Su vida como nuestra propia. Debemos comenzar a pensar como pensaba Jesús, a hablar como Jesús hablaba y a vivir como Jesús vivía.

No temas. El carácter y la vida de Cristo han sido descritos con gran detalle en la Biblia, mucho más que cualquier otra biografía. Si sabemos del rey David, sabemos más sobre Jesús. Si sabemos del apóstol Pablo, sabemos más sobre Jesús. La historia de Jesús ha sido escrita por muchos testigos en el Nuevo Testamento, y aunque Él es el Hijo de Dios, es increíblemente accesible.

Jesús experimentó todas las etapas de la vida, desde la cuna hasta la tumba. Él representó a la humanidad en cada condición y circunstancia de tentación, prueba y necesidad. Su ejemplo es igualmente valioso para niños, jóvenes y adultos. Él puede identificarse con los pobres y necesitados, porque Él vino de la humilde Nazaret. Él puede identificarse con presidentes y reyes, porque Él es el Señor de señores.

Jesús ha sentido la corriente de todos los afectos humanos. Él ha sentido la sacudida de todas las penas humanas. Él es el Hijo del Hombre en el más amplio sentido de la palabra. Su humanidad es tan completa que Él representa los rasgos más suaves de la feminidad, así como la fuerza de la hombría e incluso la simplicidad de un niño pequeño; no hay lugar en las experiencias de la vida desde donde no podamos mirar hacia Su patrón de vida en busca de ejemplo mientras que intentamos vivir una vida cristiana.

La vida de Jesús no es una pieza de arte estática que debe ser evaluada e interpretada. Es una vida que debe ser vivida, y está adaptada a todas las necesidades de nuestra existencia actual.

Dios ha hecho de la vida de Cristo nuestro ejemplo y nos ha ordenado que lo imitemos y reproduzcamos en nuestras vidas. La vida de Jesús no es una pieza de arte estática que debe ser evaluada e interpretada. Es una vida que debe ser vivida, y está adaptada a todas las necesidades de nuestra existencia actual. Es una vida sencilla que toda persona común puede copiar. La vida de Jesús es un tipo de humanidad que podemos llevar con nosotros a la cocina y a la sala de familia, al taller y a la sala de juntas, al campo donde trabaja el agricultor y al huerto donde poda el jardinero. Su vida puede estar con nosotros cuando enfrentamos las tentaciones del malvado, y Su vida puede ayudarnos cuando debamos enfrentar la pobreza, la ansiedad y la preocupación. Este Jesús es el Jesús de todo el que lo reciba como a un hermano y lo siga como a un Maestro.

Jesús dijo: "Porque ejemplo os he dado, para que como yo os he hecho, vosotros también hagáis" (Juan 13:15). Él espera que seamos como Él. Entonces, ¿lo estamos imitando? ¿Nos estamos modelando a Su imagen? Solo puede haber un patrón de la vida de Jesús: Cristo mismo. Estamos engañados si creemos que debemos parecernos al pastor local o al misionero famoso. Estamos engañados si creemos que debemos solo ser buenos. Nuestro objetivo es parecernos a Cristo y a nadie más que a Cristo. Nadie más puede ser un buen modelo de nuestra vida cristiana, sin importar cuán digno pueda parecer como candidato. Así que debemos aprender a caminar como lo hizo Jesús.

Al comenzar a indagar en la vida cristiana, permíteme compartir contigo un pequeño secreto sobre cómo tener una vida semejante a la de Cristo. Debemos anhelarla profundamente. Creceremos para parecernos a la persona a la que más admiramos. Pídele a Dios, ahora mismo, que te dé un panorama amplio de quién es Jesús y de Su carácter. Pídele que fomente en tu corazón una pasión por ser como Jesús y que nunca deje que la llama de este deseo se enfríe.

Obediencia: La motivación de la vida cristiana

Si queremos comprender la intención detrás de las acciones de una persona, entonces debemos ver su motivación suprema. ¿Qué impulsa a una persona a hacer lo que hace? El propósito supremo de alguien es lo que centra su atención y sus acciones hacia un objetivo específico, y si el motivo es lo suficientemente fuerte, evita que se distraiga con cosas de menor importancia.

La motivación suprema de la vida de Cristo fue la devoción a la voluntad y a la gloria de Dios. De niño, Jesús fue encontrado en el templo haciendo la obra de Su Padre Celestial (Lucas 2:46–49). Más adelante, Él dijo: "Mi comida es que haga la voluntad del que me envió, y que acabe su obra" (Juan 4:34). También estaba concentrado en cumplir la voluntad de Dios, incluso sobre Su propia voluntad: "Porque he descendido del cielo, no para hacer mi voluntad, sino la voluntad del que me envió" (Juan 6:38). Jesús encontró Su propósito en llevar la gloria al Padre: "Yo te he glorificado en la tierra; he acabado la obra que me diste que hiciese" (Juan 17:4). Si la motivación principal de Jesús fue obedecer y glorificar a Dios, entonces esta también debe ser nuestra motivación definitiva. Debemos esforzarnos para obedecer a Dios con cada fibra de nuestro ser. Debemos tomar todas las decisiones en la vida con base en la voluntad de Dios. Debemos buscar glorificar a Dios en todo lo que hacemos, porque al hacerlo, asumimos la vida de Cristo como nuestra.

Amor: El principio de la vida cristiana

Cada vida puede resumirse en algún principio determinante. Para algunos, es el egoísmo en las diversas formas de codicia, ambición o placer. Para otros, es la devoción a algún pasatiempo favorito, como el arte o la literatura, o la invención y el descubrimiento. Con Jesucristo, el único principio de Su vida fue el amor; y la ley que nos dejó es la misma ley del amor, simple e integral, que incluye cada forma del deber en el nuevo mandamiento: "Un mandamiento nuevo os doy: Que os améis unos a otros; como yo os he amado, que también os améis unos a otros" (Juan 13:34). Esta no es la ley del amor del Antiguo Testamento que tenía a la persona en el centro: "Amarás a tu prójimo como a ti mismo" (Levítico 19:18), sino que es un nuevo mandamiento con Cristo en el centro: "Que os améis unos a otros, como yo os he amado". El amor por Su Padre, el amor por Sí mismo, el amor por el pecador, el amor por Sus enemigos: esto cubrió toda la vida de Jesucristo. Esto también debe marcar la vida de Sus seguidores. Si deseamos vivir la vida cristiana, entonces el amor debe ser el principio que rija nuestras vidas. El amor realmente simplificará cada pregunta, solucionará cada problema, endulzará cada tarea para que sea un deleite y hará que nuestra vida sea como la Suya: una encarnación de ese hermoso ideal que el Espíritu Santo nos dio en el decimotercer capítulo de 1 Corintios: "El amor es sufrido, es benigno; el amor no tiene envidia, el amor no es jactancioso, no se envanece; no hace nada indebido, no busca lo suyo, no se irrita, no guarda rencor; no se goza de la injusticia, mas se goza de la verdad. Todo lo sufre, todo lo cree, todo lo espera, todo lo soporta" (1 Corintios 13:4–7).

Escritura: La regla de la vida cristiana

Cada vida debe tener un estándar por el cual esté regulada, y del mismo modo la vida de Cristo está moldeada por las sagradas Escrituras: "Estas son las palabras que os hablé, estando aún con vosotros: que era necesario que se cumpliese todo lo que está escrito de mí en la ley de Moisés, en los profetas y en los salmos" (Lucas 24:44). Era necesario que la vida de Cristo se cumpliera conforme a las Escrituras, y no podía morir en la cruz hasta que primero hubiera vivido cada palabra que se había escrito sobre Él. Del mismo modo, es necesario que nuestras vidas cumplan las Escrituras, y no tenemos derecho a permitir que se ignore ni una sola promesa o mandamiento de este libro sagrado. Dios quiere que, mientras vivamos, demostremos en nuestra propia experiencia todas las cosas que se han escrito en este libro y que consolidemos la Biblia en una edición viva y nueva en la carne y la sangre de nuestras propias vidas.

La comunión con Dios: La fuente de la vida cristiana

¿Jesús se facultó a Sí mismo a través de Su propia deidad inherente y esencial? ¿O suspendió Sus propios derechos y poderes mientras estaba en la Tierra y vivía entre nosotros como un simple ser humano dependiente del apoyo de las mismas fuentes de fuerza a las que nosotros tenemos acceso? El testimonio de las Escrituras apoya que Él vivió entre nosotros en humildad: "No puede el Hijo hacer nada por sí mismo, sino lo que ve hacer al Padre" (Juan 5:19); "No puedo yo hacer nada por mí mismo" (Juan 5:30). Parece que, según estos pasajes, además de otros, Jesús obtuvo Su fuerza diaria de las mismas fuentes de las que podemos recibir la nuestra: la comunión con Dios, la vida de dependencia, la fe y la oración; y al recibir y estar siempre lleno de la presencia y el poder del Espíritu Santo. Puesto que esto es así, debemos recibir el Espíritu Santo al igual que Jesús recibió al Espíritu Santo en Su bautismo. Debemos depender de nuestro Padre Celestial como Jesús dependió de Su Padre Celestial. Debemos vivir una vida de oración incesante como Jesús vivió una vida de oración incesante. Obtengamos nuestra fuerza de Él a cada momento, tal como Él lo hizo del Padre. Podemos obtener mucho aliento del hecho de que Jesús se humilló a Sí mismo de la manera que lo estamos hoy. Tenemos necesidad, al igual que Jesús también la tenía. Aun así, en Su humildad, Jesús recurrió al poder suficiente de Su Padre Celestial para todo lo que Él necesitaba. Por lo que también nosotros podemos recurrir a Cristo para descubrir que, sin importar lo que necesitemos, Jesús tiene más que suficiente para satisfacer todas nuestras necesidades.

Cada uno de nosotros estamos aquí como misioneros con una comisión. Se nos ha confiado el mensaje del Evangelio, y debemos llevar este mensaje tanto a los que están cerca como a los que están lejos.

El servicio: La actividad de la vida cristiana

La vida de Jesucristo fue positiva. No estaba absorto en la autocontemplación y el desapego. Más bien, Jesús amó al mundo que lo rodeaba. En Su corta vida, Jesús pasó tres años y medio viajando a pie por todos los rincones de Galilea, Samaria y Judea, predicaba, enseñaba y trabajaba constantemente con un enérgico esfuerzo. Constantemente estaba inundado por las multitudes, tanto que Marcos nos dice que "de modo que ellos ni aun podían comer pan" (Marcos 3:20). Una vez, al finalizar un día ocupado, Él estaba tan cansado que se quedó dormido en el pequeño barco en medio de una fuerte tormenta. Aun cuando dejó Su arduo trabajo por un momento de descanso, las multitudes lo importunaban y no podía estar en silencio. Después de un trabajo incesante en Cafarnaúm, descubrimos que Jesús se levantó temprano por la mañana para poder encontrar un tiempo para orar. Su vida fue de continuo servicio y, todavía, en Su trono de ascensión, se encuentra trabajando continuamente en ministerios de amor activo. Por eso, nosotros también debemos trabajar arduamente para servir a los demás. Cada uno de nosotros estamos aquí como misioneros con una comisión. Se nos ha confiado el mensaje del Evangelio, y debemos llevar este mensaje tanto a los que están cerca como a los que están lejos. Debemos encontrar nuestro trabajo y, al igual que Jesús, "todo lo que te viniere a la mano para hacer, hazlo según tus fuerzas" (Eclesiastés 9:10).

La separación: Una parte necesaria de la vida cristiana

La verdadera medida del valor de un hombre no siempre está en el número de amigos que tiene, sino en el número de enemigos. Un cristiano que vive el tiempo suficiente, y que se preocupa mucho por vivir la vida cristiana, puede llegar a experimentar oposición, incomprensión, persecución y sacrificio. Jesús mismo dijo: "¡Ay de vosotros, cuando todos los hombres hablen bien de vosotros! porque así hacían sus padres con los falsos profetas" (Lucas 6:26). Juan también nos recordó lo siguiente: "Hermanos míos, no os extrañéis si el mundo os aborrece" (1 Juan 3:13). Al igual que Jesús, podemos esperar ser impopulares. Debemos estar dispuestos a estar solos y a recibir burlas. Debemos estar dispuestos a "salir del campamento" para estar con Jesús si es necesario (Hebreos 13:13). Hay dos cosas que nunca debemos olvidar sin importar cuán difíciles se pongan las cosas. En primer lugar, no tengas miedo de ser impopular. En segundo lugar, no dejes que eso te genere amargura. Más bien, levántate triunfante sabiendo que tienes la aprobación de tu Maestro.

Sufrimiento: El refinamiento de la vida cristiana

Si queremos madurar, debemos ser refinados. Debemos pasar por el fuego. Por eso, la prueba suprema del ejemplo de Cristo fue el sufrimiento. Jesús nos dejó un ejemplo en todos Sus sufrimientos (1 Pedro 2:21). Jesús sufrió las tentaciones de Satanás, porque "[Él] fue tentado en todo según nuestra semejanza, pero sin pecado" (Hebreos 4:15). En esto, nos ha llamado para seguirlo en el sufrimiento y la victoria, "pues en cuanto él mismo padeció siendo tentado, es poderoso para socorrer a los que son tentados" (Hebreos 2:18). Jesús sufrió las injusticias de hombres malvados y, en esto, nos dejó un ejemplo de paciencia, gentileza y perdón: "cuando le maldecían, no respondía con maldición; cuando padecía, no amenazaba, sino encomendaba la causa al que juzga justamente" (1 Pedro 2:23). Jesús fue más glorioso en Su hora de humillación. Fue más generoso en el momento en el que Sus propias penas estaban aplastando Su corazón. Fue más victorioso cuando inclinó Su cabeza en la amarga cruz y murió por la humanidad pecadora. Él es el sufridor coronado de la humanidad, y nos llama a sufrir con Él en sumisión, fe y amor.

Algunas cualidades distintivas de la vida cristiana

La perfección del carácter se encuentra en los detalles más finos del temperamento y la calidad, los cuales escapan fácilmente al observador indiferente. Es en estos casos que el carácter de Cristo destaca por ser excepcionalmente supremo. Uno de los mejores retratos de Su Espíritu es presentado por Pablo, en el tercer capítulo de Filipenses, al hablar de Su humildad (Filipenses 2:5–8). Jesús merecía derechos divinos, pero en vez de eso, se despojó y se humilló por nosotros.

Su generosidad al tratar con los débiles y los egoístas se expresa exquisitamente en Romanos: "Los vituperios de los que te vituperaban, cayeron sobre mí" (Romanos 15:3).

Su gentileza y humildad se encuentran en Sus propias palabras dulces: "soy manso y humilde de corazón" (Mateo 11:29).

El refinamiento de Jesucristo es uno de los rasgos más impactantes de Su encantador carácter.

La humildad de Cristo también se puede ver en Su autosacrificio: "Si alguno quiere venir en pos de mí, niéguese a sí mismo, tome su cruz cada día, y sígame" (Lucas 9:23). Él también dijo: "el que quiera hacerse grande entre vosotros será vuestro servidor, y el que quiera ser el primero entre vosotros será vuestro siervo; como el Hijo del Hombre no vino para ser servido, sino para servir, y para dar su vida en rescate por muchos" (Mateo 20:26–28). Jesús nos está enseñando a vivir como Él vivió aquí. Para vivir como Jesús, debemos vivir una vida entregada: una vida de autosacrificio. Por lo tanto, debemos "andar en amor, como también Cristo nos amó, y se entregó a sí mismo por nosotros, ofrenda y sacrificio a Dios en olor fragante" (Efesios 5:2).

El refinamiento de Jesucristo es uno de los rasgos más impactantes de Su encantador carácter. Sin embargo, aunque no se había formado en las escuelas de la cultura humana, fue un caballero perfecto, como todo cristiano debería ser. Su amable consideración por los demás a menudo es visible en las circunstancias incidentales de Su vida. Por ejemplo, cuando Simón Pedro se preocupó por el dinero del tributo en Cafarnaúm y estaba dudando en hablar con el Maestro al respecto, el Señor anticipó sus pensamientos y lo envió al lago para atrapar al pez con la moneda en la boca y luego añadió con delicadeza: "tómalo, y dáselo por mí y por ti", asumiendo así la responsabilidad de la deuda primero para salvar la sensibilidad de Pedro (Mateo 17:27). Aún más delicada fue Su gran cortesía hacia la pobre mujer pecadora que los fariseos habían llevado delante de Él. Él se agachó y evadió su mirada para que no fuera humillada ante ellos; y como si no hubiera escuchado a sus acusadores, finalmente arrojó un dardo de su santo sarcasmo a sus conciencias, lo que los echó rápidamente como sabuesos de Su presencia. Solo cuando ya se habían ido, miró el rostro de esa mujer temblorosa y dijo con gentileza: "Ni yo te condeno; vete y no peques más" (Juan 8:11). Por lo tanto, permitámonos reflejar la gentileza y la cortesía de Cristo en todo lo que decimos y hacemos.

Hay una cosa más en el espíritu de Jesús que Él quiere que imitemos, y eso es el espíritu de alegría. Aunque el Señor Jesús nunca fue hilarante o desenfrenado en la expresión de Su alegría, era uniformemente alegre, radiante y feliz; y el corazón en el que Él habita, del mismo modo, debería expresarse en el rostro radiante, el paso enérgico y una vida rebosante de alegría. No hay nada más necesario en un mundo triste y pecador que cristianos gozosos. No hubo nada más conmovedor en la vida del Maestro que el hecho de que, cuando Su propio corazón estaba preparado para romperse con la anticipación del jardín y la cruz, Él les dijo "no se turbe vuestro corazón" (Juan 14:1) y "que mi gozo esté en vosotros, y vuestro gozo sea cumplido" (Juan 15:11). Dios, ayúdanos a imitar la alegría de Jesús con pasión y esperanza.

Vivir como Jesús

En conclusión, ¿cómo podemos vivir como Jesús? ¿Qué pasos prácticos debemos dar hoy, y cada día, para poder vivir la vida cristiana?

1. Debemos recibirlo a Él. Muchos pueden probar la vida cristiana, pero sin el Cristo de la vida cristiana, es imposible vivirla. Primero debemos recibir a Jesús como Salvador antes de que podamos esperar vivir con éxito la vida cristiana.

2. Debemos estudiar Su vida hasta que la historia quede grabada en nuestras conciencias e impresa en nuestros corazones.

3. Debemos reflexionar constantemente sobre la vida de Jesús y preguntar cómo pensaría y actuaría Él en las situaciones que enfrentamos. Cuanto más hagamos esto, más natural se volverá para nosotros pensar y actuar como Jesús.

4. No debemos desanimarnos cuando nos encontremos con el fracaso en nuestras vidas. No tengas miedo de mirarte en el espejo y ver tus propios defectos en contraste con Su vida sin culpa. Te empujará a cosas más grandes. El juicio propio es el secreto mismo del progreso y del logro de cosas más grandes.

5. Finalmente, permitámonos pedirle al Espíritu Santo, cuya obra es hacer que Jesús sea real para nosotros, que realmente traiga la vida de nuestro Salvador para asumirlo en nuestras propias vidas.

CAPÍTULO 6

Protegidos

"Pero no me avergüenzo, porque yo sé a quién he creído, y estoy seguro que es poderoso para guardar mi depósito para aquel día". -2 Timoteo 1:12

Nuestros tesoros más preciados se mantienen ocultos y seguros, a menudo protegidos bajo llave y cerradura. Esto se hace para garantizar su seguridad y protección. No queremos que el mal venga sobre esas cosas que atesoramos. Es igual para nosotros, queridos amigos. Solo Dios puede mantenernos seguros sin el uso de llaves y cerraduras. Este sencillo versículo es un compromiso férreo para el cristiano cansado. Jesús nunca se cansará ni desfallecerá al proteger a Sus discípulos. Aquellos que son Suyos están seguros y protegidos. Veamos algunas de las promesas misericordiosas que Jesús le hace a Su pueblo sobre cómo los guardará hasta el día de Su regreso.

Jesús promete mantenernos seguros sin importar adónde vayamos. Dios se encontró con Jacob cuando estaba solo en su viaje a Harán. Escucha la gentil promesa que le hizo: "He aquí, yo estoy contigo, y te guardaré por dondequiera que fueres, y volveré a traerte a esta tierra; porque no te dejaré hasta que haya hecho lo que te he dicho" (Génesis 28:15).

Amigos, ¡esta no fue una promesa vacía! Dios cuidó a Jacob en la tierra de Labán, en las ciudades de los siquemitas y en la tierra de Gosén. A dondequiera que fuera Jacob, era custodiado y guardado por el Dios de su pacto. Dios fue fiel a Jacob y es fiel a nosotros. Al final de su vida, Jacob declaró: "Dios me mantiene desde que yo soy hasta este día" (Génesis 48:15).

Algunos de ustedes podrían encontrase en lugares extraños, lugares solitarios, lugares difíciles y lugares peligrosos, pero pueden descansar sin miedo si Dios es el Dios de su pacto. Jesús ha prometido guardarte hasta Su regreso. Él no te decepcionará.

Jesús promete guardarnos como a la niña de sus ojos (Salmo 17:8). Somos el preciado centro del ojo de Cristo. Nada es más frustrante que tener polvo o suciedad en el ojo. Así como el párpado protege al ojo, Cristo nos protegerá y nos guardará. Eso es lo cercanos que estamos, y lo queridos que somos para Cristo. Jesús es sensible a cualquier cosa que nos pueda dañar y está preparado para guardarnos incluso antes de pensar u orar.

Algunos de ustedes podrían encontrase en lugares extraños, lugares solitarios, lugares difíciles y lugares peligrosos, pero pueden descansar sin miedo si Dios es el Dios de su pacto. Jesús ha prometido guardarte hasta Su regreso. Él no te decepcionará.

Jesús promete guardarnos en Su refugio: "En lo secreto de tu presencia los esconderás de la conspiración del hombre; los pondrás en un tabernáculo a cubierto de contención de lenguas" (Salmo 31:20). Si alguna vez has ido de campamento, entonces sabes lo valioso que es tener un refugio, sin importar que tan sencillo sea.

Un refugio proporciona protección contra los elementos y un lugar de calma y refugio en medio de la naturaleza. El salmista a menudo llama a Dios para refugiarse en medio de las tormentas de la vida. Hoy, la vida de David es un testimonio para nosotros de que tales llamadas siempre reciben respuesta. Nos resguardamos en el refugio de nuestro Salvador, seguros hasta el día de Su regreso.

Jesús promete mantenernos en perfecta paz: "Tú guardarás en completa paz a aquel cuyo pensamiento en ti persevera; porque en ti ha confiado" (Isaías 26:3). Esto podría traducirse, literalmente, como "paz, paz". Es la doble paz con Dios y de Dios. Es la versión original del Antiguo Testamento de la promesa, todavía más hermosa, del apóstol en el cuarto capítulo de Filipenses: "Por nada estéis afanosos, sino sean conocidas vuestras peticiones delante de Dios en toda oración y ruego, con acción de gracias. Y la paz de Dios, que sobrepasa todo entendimiento, guardará vuestros corazones y vuestros pensamientos en Cristo Jesús" (Filipenses 4:6–7). En ambos versículos se refiere a la misma paz, ese descanso profundo y divino que Cristo pone en los corazones en los que Él habita. Es la paz de Dios, y supera todo entendimiento. No es el resultado del raciocinio ni de la vista; no se debe a que las cosas hayan cambiado y podamos ver venir la salvación. Viene cuando todo es oscuro y extraño y no tenemos nada más que Su Palabra. Los asirios estaban a las puertas de Jerusalén, y parecía no haber posibilidad de escapar, cuando la voz del profeta dijo: "Esforzaos y animaos; no temáis, ni tengáis miedo … porque más hay con nosotros que con él. Con él está el brazo de carne, mas con nosotros está el Señor nuestro Dios para ayudarnos y pelear nuestras batallas. Y el pueblo tuvo confianza en las palabras de Ezequías rey de Judá" (2 Crónicas 32:7–8). Los asirios seguían allí, y el peligro era igual de inminente, pero sobre los judíos vino una confianza indescriptible y sobrenatural, porque Dios había prometido ser su defensa. Y sabemos lo que sucedió. Sabemos lo fácil que fue para Dios hacer que el enemigo y sus jactancias quedaran reducidas a nada por el toque de la mano de un solo ángel. La paz de Dios no viene por ver, sino por la fe. Esta es la condición de la promesa: "Tú guardarás en completa paz a aquel cuyo pensamiento en ti persevera; porque en ti ha *confiado*" (Isaías 26:3). Se nos prometió la paz de Cristo en los tiempos buenos y cuando los mares de la vida estén embravecidos. Tenemos acceso a la paz de Cristo sin importar lo que enfrentemos, siempre y cuando pongamos nuestra confianza en Él y solo en Él.

Vuelve al pasaje que leímos en Filipenses. Se nos prometió un servicio de protección, nuestro propio equipo de seguridad por parte de Jesús para proteger nuestros corazones: "Y la paz de Dios, que sobrepasa todo entendimiento, guardará vuestros corazones y vuestros pensamientos en Cristo Jesús" (Filipenses 4:7). Sin embargo, algunas veces la protección que necesitamos no es contra lo que está afuera, sino lo que está adentro. Nada puede dañarnos desde el exterior si nos mantenemos en la perfecta paz de Dios. Pero nota que hay dos secciones de nuestra vida que se deben proteger. Una es el corazón, la fuente de nuestras dudas, miedos y preocupaciones. La otra es la mente, donde nuestros pensamientos se convierten en la fuente de la inquietud que nos ataca constantemente. La mente genera asombro y preocupación. La mente es donde miramos hacia adelante y hacia atrás con angustia, donde vemos hacia todos lados menos hacia Dios. La paz de Dios puede proteger nuestra mente también. La paz de Dios nos protege de la malicia de nuestros propios pensamientos y puede mantenernos en perfecta paz si ponemos nuestra confianza en Cristo.

Jesús promete guardarnos por Su poder: "sois guardados por el poder de Dios mediante la fe, para alcanzar la salvación que está preparada para ser manifestada en el tiempo postrero" (1 Pedro 1:5). Pedro nos acaba de decir que hay una herencia imperecedera para nosotros en el cielo. Ahora nos dice que Jesús nos preservará para esa herencia. La herencia del cielo está preservada para ti, y tú serás preservado para la herencia. Ahora, el equipo de seguridad de este pasaje es diferente al que leímos en Filipenses. En Filipenses, estamos protegidos por la paz. En 1 Pedro, estamos protegidos por el poder. Es el poder de Cristo el que nos protege de todos nuestros enemigos. La palabra griega aquí es *dinamita*. El equipo de seguridad está armado con armas celestiales. El poder de Dios es como ningún otro poder disponible. Luchar contra el poder de Dios es como traer un cuchillo a una pelea con armas de fuego. Es una locura. El mayor ataque al poder de Dios vino cuando Satanás vio a Jesús colgado en la cruz. El enemigo de nuestra fe pensó que había logrado el éxito, pero, incluso ahí, el poder de Dios fue más fuerte. La propia muerte fue despojada de su poder y fue derrotada (1 Corintios 15:55–57). Jesús nos está protegiendo con Su poder celestial, el poder del Espíritu Santo. Podemos tener confianza, porque Jesús nos guarda con Su poder a través de la fe.

Jesús promete mantenernos en el mundo y guardarnos del maligno. Juan registra la oración de Jesús por Sus discípulos: "No ruego que los quites del mundo, sino que los guardes del mal" (Juan 17:15). Hay dos aplicaciones en esta oración. La primera es que nos guarda de algo que nos pueda sacar del mundo antes del tiempo que Dios nos ha designado (Hebreos 9:27). Por lo tanto, no hay muerte ni enfermedad, ni nada más que nos pueda sacar de este mundo fuera del tiempo de Dios. Pero también nos guarda del mal del mundo y, especialmente, del maligno. Esto es crucial.

Jesús no se refiere a algún mal general, sino "al maligno". El adversario de nuestra fe, el que "como león rugiente, anda alrededor buscando a quien devorar" (1 Pedro 5:8). El poder de Jesús y Su capacidad para guardarte se interponen entre ti y las mandíbulas del diablo. El diablo es un enemigo conquistado, y debemos tratarlo como tal. Cuando vamos contra el enemigo de la fe, vamos con todo el prestigio de un vencedor en el nombre de Aquel que lo conquistó: el Señor Jesucristo. Es cierto que el enemigo puede lanzar sus dardos ardientes hacia nosotros, pero tenemos el escudo de la fe, y podemos resistir el asalto del enemigo y apagar sus dardos ardientes.

Jesús promete que es capaz de guardarnos de los tropiezos: "Y a aquel que es poderoso para guardaros sin caída, y presentaros sin mancha delante de su gloria con gran alegría" (Judas 1:24). Jesús nos ayuda a guardar nuestros pasos en el terreno rocoso de la vida. No importa qué panoramas inciertos enfrentemos, es Jesús el que nos sostiene firmemente. Simplemente debemos confiar en Su promesa de sostenernos en pie.

Jesús promete guardarnos de la mano del adversario. Hay una hermosa promesa en el último capítulo de 1 Juan: "Aquel que fue engendrado por Dios le guarda, y el maligno no le toca" (1 Juan 5:18). Es como un gato que espía al ratón para cazarlo. Se acerca sigilosamente al ratón y se lanza a matar. De repente, se oye un golpe seco y el gato se aleja aturdido y sin su presa. El gato no se dio cuenta de que el ratón estaba al otro lado de una puerta corrediza de cristal. El gato se vio frustrado por una pared invisible de protección. Esta es una buena ilustración, aunque limitada, de cómo se cumple esta promesa en nuestras propias vidas. El enemigo puede tratar de hacernos sus presas, pero se verá frustrado por la protección de Jesús. El enemigo no nos tocará.

Ahora, nuestra protección no es un secreto, porque sabemos que Cristo mismo es nuestra protección. Es Jesús el que evita que el enemigo nos toque. Si el enemigo quiere llegar a ti, tiene que pasar por Jesucristo primero, y si permaneces en una confianza sencilla, el diablo saldrá más herido que tú cuando ataque.

Un solo soldado de la cruz que permanece de pie por Jesús y confía en Él puede más que legiones de enemigos poderosos.

Jesús promete guardar a Sus siervos y ministros: "Yo, el Señor, te he llamado en justicia, y te sostendré por la mano; te guardaré y te pondré por pacto al pueblo, por luz de las naciones" (Isaías 42:6). Esta gran promesa pertenece principalmente al Señor Jesús, pero, secundariamente, a cualquier otro siervo verdadero de Dios que permanezca en Él y trabaje para Él. Dios sostiene a Sus ministros en Su mano derecha y dice: "No toquéis, dijo, a mis ungidos, ni hagáis mal a mis profetas" (Salmo 105:15). Una persona imprudente habla de forma impertinente o actúa contra cualquier siervo verdadero del Señor. Ten cuidado con la forma en la que criticas a los siervos del Maestro. Escucha: "¿Tú quién eres, que juzgas al criado ajeno? Para su propio señor está en pie, o cae; pero estará firme, porque poderoso es el Señor para hacerle estar firme" (Romanos 14:4). Si estás sirviendo a Cristo con un corazón sincero, no temas, porque Dios dice lo siguiente de aquellos que Le sirven: "en tu boca he puesto mis palabras, y con la sombra de mi mano te cubrí" (Isaías 51:16). Un solo soldado de la cruz que permanece de pie por Jesús y confía en Él puede más que legiones de enemigos poderosos. Puedes confiar en Jesús sin importar qué peligros o dificultades enfrentes.

Los cielos se desvanecerán y la Tierra se disolverá antes de que Jesús le falle a uno de los siervos que confían en Él.

Jesús promete guardar Su misión, Su Iglesia, Su viñedo: "En aquel día cantad acerca de la viña del vino rojo. Yo, el Señor, la guardo, cada momento la regaré; la guardaré de noche y de día, para que nadie la dañe" (Isaías 27:2–3). A veces puede ser tentador creer que solo nosotros somos los guardianes de la misión de Dios. Cuando observamos el quebrantamiento de nuestro mundo, podría ser tentador creer que Dios se ha olvidado por completo de Su propia misión y que ha permitido que Su propiedad se deteriore. Pero esto simplemente no es cierto. Dios no solo está cuidando de ti y de mí, sino que también está cuidando de Su misión y de Su iglesia. Hay una excelente imagen profética al comienzo de Zacarías que se escribió para consolar a la gente en tiempos difíciles. Primero, el profeta vio que cuatro cuernos venían desde todas las direcciones: cuernos afilados, crueles y poderosos que empujaban y perforaban todo lo que estaba ante ellos. Si veía al norte, había un cuerno allí, y si veía al sur, había otro allí, y se estaban acercando el uno al otro y pronto se encontraría entre los dos. Si veía al este, había un cuerno allí, y si veía al oeste, había otro allí. Su destino parecía seguro. Entonces la escena cambió, y vio a cuatro carpinteros que venían en la misma dirección, y cada uno de ellos traía muchas herramientas: una buena hacha, una sierra afilada y, sin duda, un pesado mazo. Y pronto se empezó a escuchar el sonido de los embates de las hachas y el zumbido de las sierras. Los cuernos perdieron sus puntas justo delante de él, fueron machacados hasta el polvo, y se volvieron suaves almohadas que no podían lastimar. Amigo, Dios tiene un carpintero para cada cuerno, y si la obra que estás haciendo es Su obra, las puertas del infierno no pueden prevalecer contra eso.

Al final, amigo mío, Jesús guarda todo aquello que se le confía. No fallará: "estoy seguro que es poderoso para guardar mi depósito para aquel día" (2 Timoteo 1:12). Las preguntas para nosotros son estas: ¿estamos dispuestos a comprometernos con Jesús? ¿Estamos dispuestos a confiarle nuestras vidas, nuestro trabajo, nuestras esperanzas y nuestros miedos? ¿Confiamos en que Jesús nos puede guardar hasta Su regreso? Mi oración por ti es que aprendas a entregarte a Cristo cada vez más, porque solo Él puede mantenerte seguro y protegido en estos últimos días.

Epílogo

por Steve Grusendorf

"Permaneced en mí, y yo en vosotros. . . el que permanece en mí, y yo en él, este lleva mucho fruto; porque separados de mí nada podéis hacer" -Juan 15:4a, 5b

---

¿Alguna vez te has detenido a considerar el corazón del evangelio? La palabra griega *evangelio* se traduce como *buenas nuevas*. Esta palabra, evangelio, es común para aquellos que siguen a Jesús. Las iglesias usan la palabra. Tenemos iglesias evangélicas, iglesias del Evangelio Pleno e iglesias que predican el evangelio. La cultura usa la palabra. Sabemos que alguien está siendo sincero cuando nos dice la verdad del evangelio, y escuchamos música evangélica. Evangelio es una palabra que se usa para describir los primeros cuatro libros del Nuevo Testamento; además, es una palabra que se usa y discute comúnmente a lo largo de estos. Sin embargo, aunque esta palabra es familiar para muchos de nosotros, me pregunto si realmente le hemos dedicado el tiempo que se merece. Comprender el corazón del evangelio es fundamental para que tratemos de vivir como Cristo: debe responderse.

Si no comprendemos el corazón del evangelio, es totalmente posible que los cristianos vivamos una vida privada de poder, carente del Espíritu Santo y desnutrida en las cosas de Dios.

El corazón del evangelio no es una idea, una creencia o, incluso, un movimiento. El corazón del evangelio es Jesucristo mismo. Esta simple, pero importante verdad está en peligro de ahogarse en las preocupaciones de nuestro mundo moderno. Escucha las palabras de Jesús en Juan 15:4: "Permaneced en mí, y yo en vosotros". Simpson también lo dice de manera elocuente: "no somos salvos por adoptar un credo ni por creer en una doctrina, sino por aceptar a una Persona". La buena nueva es que Jesús ha venido a morar con nosotros y dentro de nosotros. El corazón del evangelio es Jesucristo.

A menudo, una generación se desarrolla sobre los hombros de las anteriores y, así, se logran avances. Isaac Newton mencionó esto mismo hace 350 años: "si he visto más allá que los demás, es porque me he parado sobre los hombros de gigantes". Sin embargo, hay momentos en los que esta idea funciona en nuestra contra. Desentrañemos esto.

El evangelio se ha analizado minuciosamente en los últimos 2000 años. Se ha discutido, se ha escrito al respecto y se ha usado para avanzar muchos grandes movimientos en nombre de Jesús y de Su iglesia. De muchas maneras, el avance del evangelio es necesario, como Jesús ordenó: "será predicado este evangelio del reino en todo el mundo, para testimonio a todas las naciones; y entonces vendrá el fin" (Mateo 24:14). De cierta manera, la discusión, el avance y el desarrollo del evangelio han sido buenos. Sin embargo, en el camino también desarrollamos volúmenes y volúmenes de trabajo para ayudar a explicar el evangelio y, sin querer, hemos complicado la simplicidad de estas buenas nuevas. Aunque no hemos hecho que sean menos que Jesús, a veces hemos sido culpables de hacer que sean más que solo Jesús.

Quiero invitarnos, por un solo momento, a volver al pasado, a recordar y a aceptar a Jesucristo como el corazón y la totalidad del evangelio. En este caso, no necesitamos pararnos sobre los hombros de nuestros antepasados, sino más bien a su lado para volver a proclamar que lo que necesitamos es a Jesús y solamente a Jesús.

Escucha nuevamente las palabras de Juan 15:5: "Separados de mí nada podéis hacer". ¿Exclamaste "¡amén!" igual de fuerte para este pasaje como lo haces para el pasaje que dice "por gracia sois salvos por medio de la fe" (Efesios 2:8)? Si no es así, ¿de verdad puedes decir que crees en ambos? Sin Jesús, no hay fe ni iglesia ni teología ni doctrina ni creencia. Sin Jesús, solo hay oscuridad, muerte, desesperanza e infierno.

Jesús en nosotros

Ahora, la pregunta que tenemos ante nosotros es: *¿qué significa tener a Cristo en nosotros?* ¿Es suficiente conocer los credos y las doctrinas correctos sobre Jesús? ¿Eso es a lo que Jesús se refería en Juan 15? El apóstol Pablo oró para que sus hijos espirituales dejaran crecer a Cristo dentro de ellos. Escucha las palabras que usa: "vuelvo a sufrir dolores de parto, hasta que Cristo sea formado en vosotros" (Gálatas 4:19). Pablo les estaba hablando a los cristianos, a aquellos que ya habían depositado su confianza en Jesús. Sin embargo, su súplica hacia ellos era que algo nuevo naciera en ellos. Pablo deseaba que Cristo naciera en ellos. Simpson describió este pasaje a la perfección: "este no es un carácter que se forma, sino una Persona que viene a vivir en ti. Es el Cristo niño que nace en el corazón, para que se vuelva no solo una vida convertida, sino una vida en Cristo, una vida divina".

El hecho de que Cristo nazca en nosotros nos lleva a dos verdades importantes que deben entenderse y aceptarse plenamente. Primero, debemos aceptar que Jesús es nuestra santidad. 1 Corintios 1:30 nos dice lo siguiente: "Mas por él estáis vosotros en Cristo Jesús, el cual nos ha sido hecho por Dios sabiduría, justificación, santificación y redención". Esa palabra *santificación* es clave para nosotros. Jesús mismo es nuestra santidad. ¿Creemos esto? ¿Qué significa eso en realidad? Significa que nuestro trabajo no es arreglar nuestra antigua vida después de que aceptemos a Jesús como nuestro Salvador. Más bien, debemos ver que Jesús es como Simpson dijo: "[Él es] tanto la preparación para la bendición como la bendición misma".

Nosotros actuamos de acuerdo con esa verdad cuando permitimos que Jesús destruya todos los vestigios de nuestra antigua vida. Actuamos de acuerdo con esa verdad cuando dejamos de trabajar para blanquear los muros del antiguo sepulcro en el que solíamos vivir antes de Cristo. Antes de Jesús, estábamos muertos. Vivíamos en las tumbas. Cuando Jesús nos encontró y nos llevó a la vida, no fue para que pudiéramos vivir en el sepulcro más lindo del cementerio. Jesús nos llevó a la vida y desea destruir el sepulcro donde una vez estuvimos confinados. En su lugar, Él construirá algo nuevo cuando Su vida nazca en nosotros. Debemos dejar de pensar que nuestra responsabilidad es portarnos bien para ser santos. Eso nunca va a funcionar. Más bien, debemos aceptar que nuestra santidad es Jesús en nosotros. Debemos vivir en la santidad de Jesús. Si lo hacemos, descubriremos que podemos actuar como "hijos obedientes, no conformes a los deseos que antes teníamos estando en nuestra ignorancia" (1 Pedro 1:14). Al tener esa actitud, reconocemos que nuestras acciones no se hacen de alguna manera para agradar a Dios y así probar nuestra santidad. Más bien, nuestras acciones revelan que la santidad de Jesús ya reside en nosotros, pues nosotros somos santos exactamente porque Aquel que nace en nosotros es santo.

Puesto que Cristo nace en nosotros, también debemos contar con que nosotros mismos morimos a nuestra antigua vida: "¿O no sabéis que todos los que hemos sido bautizados en Cristo Jesús, hemos sido bautizados en su muerte? Porque somos sepultados juntamente con él para muerte por el bautismo, a fin de que como Cristo resucitó de los muertos por la gloria del Padre, así también nosotros andemos en vida nueva" (Romanos 6:3–4). Aquí se nos dice que si Jesús es nuestro Salvador, hemos sido sepultados con Cristo y resucitados con Él. Eso se refuerza en Colosenses 3:1 donde Pablo dice: "Si, pues, habéis resucitado con Cristo, buscad las cosas de arriba". Nosotros, que tenemos a Jesús como nuestro Salvador, hemos resucitado con Cristo. Su vida está en nosotros. Ahora, regresemos a Romanos 6 y reflexionemos en lo que nos trae nuestra asociación con la resurrección de Cristo: "sabiendo que Cristo, habiendo resucitado de los muertos, ya no muere; la muerte no se enseñorea más de él" (Romanos 6:9). La muerte y el pecado no tienen absolutamente ningún dominio sobre Jesús. Si Jesús ha nacido en nosotros, también nosotros debemos considerarnos muertos al pecado: "Así también vosotros consideraos muertos al pecado, pero vivos para Dios en Cristo Jesús, Señor nuestro" (Romanos 6:11).

Contar con que estamos muertos al pecado es crucial. Simpson habló de los peligros de leer incorrectamente ese texto. Él dijo: "La mayoría de las enseñanzas de la época harían que nos entregáramos a Dios para ser crucificados y que muriéramos de nuevo, o más plenamente, pero el apóstol no dice nada de eso aquí". Muchos cristianos no entienden la esencia de Romanos 6 cuando regresan a Jesús y le piden que crucifique la antigua vida de ellos nuevamente. Amigos, la antigua vida ya ha sido crucificada.

La vida de Cristo no podría morar en ustedes si la antigua vida aún estuviera viva. Simpson también escribió sobre la manera adecuada de aceptar la enseñanza de Romanos 6: "Debemos rendirnos a Dios como quienes ya han muerto y están vivos de entre los muertos, reconocer que la cruz está detrás de nosotros, y por esta misma razón presentarnos ante Dios para ser usados para Su servicio y Su gloria".

Nuestra batalla contra el pecado es real, pero si estamos vivos en Cristo, no batallamos con una entidad viviente de nuestro pasado. No, nuestra antigua naturaleza está muerta. Más bien, batallamos contra la mentira del enemigo de que nuestra antigua naturaleza aún está viva. Una vez más, escucha las palabras de Simpson:

> Supongamos que algunas de tus antiguas características malas reaparecen, los viejos pensamientos y las malas tendencias se afirman, y dicen fuerte y clamorosamente: "No estamos muertos". Ahora bien: si reconoces esas cosas, les temes y les obedeces, seguro que vas a darles vida y te van a controlar y a arrastrarte a tu antiguo estado. Pero si te niegas a reconocerlas y dices: "Estas son mentiras de Satanás; ciertamente estoy muerto al pecado; esas cosas no me pertenecen, sino que son hijas del diablo, por lo que las repudio y me levanto por encima de ellas", Dios te apartará de ellas, las eliminará y las dejará muertas por completo. Vas a descubrir que no eran parte de ti, sino simplemente tentaciones que Satanás trató de ponerte.

Puesto que hemos recibido el evangelio, Cristo en nosotros, podemos y, de hecho debemos, contarnos como muertos al pecado.

Jesús por medio de nosotros

Jesús no vino principalmente a darnos nuevas doctrinas o teologías. Ni siquiera vino principalmente para darnos la iglesia. Jesús vino a darnos el don de Sí mismo. Las buenas noticias de que Jesús es Jesús. ¿Esas siguen siendo buenas noticias para nosotros? ¿Estamos contentos con Jesús y solo con Jesús? ¿Estamos dispuestos a quedar cautivados con Jesús como María, que se sentó a Sus pies mientras su hermana se apresuraba a hacer todos los oficios para Él? Antes de responder demasiado rápido, reflexiona en la esencia del asunto. Nunca podemos lograr lo suficiente por Jesús o por Su evangelio para reemplazar nuestra necesidad de Él. De hecho, sin Jesús, todos nuestros apuros y ocupaciones serán en vano porque lejos de Jesús no podemos lograr nada. Primero debemos aceptar plenamente a Jesús mismo antes de defender las buenas nuevas de Jesucristo. Debemos estar dispuestos a sentarnos a Sus pies. Más que eso, debemos estar dispuestos a abrazarlo para permitir que Él nazca en nosotros, para que Su vida se forme en nosotros.

Eso significa que hay muchas iglesias llenas de personas que están ocupadas y apuradas, que piensan que están logrando mucho por Jesús pero que, en realidad, están ignorando el llamado de Jesús a dejar que Su vida nazca en las de ellas. Están ocupadas en no lograr nada. Ahora, antes de que levantes la voz ante esto, escucha lo que Pablo nos dice en Colosenses 1:27: "Cristo en vosotros, la esperanza de gloria". Nuestra esperanza es Jesús en nosotros. Nuestro camino a la gloria viene por medio de Jesús en nosotros. Pablo "luchaba según la potencia de Él", pero la fuente de esa energía era Jesús, quien "actuaba poderosamente en él" (Colosenses 1:29). Nuestro trabajo no es mejorar el mundo que nos rodea. Nuestro trabajo es llevar a Jesús al mundo que nos rodea. Para hacerlo, Cristo debe estar vivo en nosotros.

Una vez más, Simpson nos informa aquí: "No es un cristiano el que batalla y lucha solo, sino que un cristiano es el que toma en su seno al Señor para pelear sus batallas por él".

La declaración "solo Jesús" es seria. ¿Estamos dispuestos a aceptar a Jesús en nuestros corazones y vidas? Solo cuando Jesús vive en nosotros es que nuestras ideas, teologías, doctrinas y estrategias son insufladas con el Espíritu de vida. Sin Jesús en nosotros puede que nuestras doctrinas sean correctas, pero también estarán muertas. Jesús no vino a corregir nuestra teología, sino que vino a llevarnos de la muerte a la vida. Solo Jesús es nuestro Salvador.

Jesús es nuestro Salvador, Santificador, Sanador y Rey venidero. Sin embargo, lo más importante no son los dones, sino quien los da. Jesús está llamando a su iglesia para que llevarse a Sí mismo, a Jesús, a un mundo perdido y muerto. Al vivir nuestras vidas en la iglesia, la escuela, la oficina y el gimnasio, llevemos a Jesús a esos lugares. Al participar en viajes misioneros, servirles a nuestras comunidades y prepararnos para el ministerio, llevemos a Jesús con nosotros. Que no confundamos los dones con el Dador.

Solo Jesús es nuestro mensaje,
Solo Jesús debe ser nuestro tema;
Levantaremos a Jesús siempre,
Solo a Jesús veremos.
-A.B. Simpson